Kochbuch für Männer

Das große Kochbuch für Anfänger mit den einfachsten und besten 160 Rezepten für Männer

1. Auflage 2021

Inhalt

Vorwort

In den meisten Haushalten sind eher die Frauen damit beauftragt, das Kochen in die Hand zu nehmen. Dabei ist es sicherlich nicht so, dass die Männer das nicht könnten, denn immerhin sind viele bekannte Köche auch Männer.

Es ist eher darin begründet, dass Mann davon ausgeht, dass Kochen zeitintensiv und kompliziert sei. Dem ist definitiv nicht so. Das darf Mann bemerken, sobald Mann sich erstmalig mit dem Kochen auseinandersetzt. Es gibt eine Vielzahl von Gerichten, die im Grunde genommen sogar recht einfach zuzubereiten sind und einfach nur sehr schwierig klingen. Dementsprechend kann Mann auch selbst den Speiseplan gestalten und Abwechslung in die eigene Ernährung bringen.

In diesem Kochbuch gibt es eine Vielzahl von Rezepten, welche zum Probieren und Genießen einladen sollen. Sie sind so ausgewählt, dass sie auch für den Anfänger recht einfach umzusetzen sind, was dazu führt, dass Mann sich später sicherlich auch anderen Gerichten zuwenden kann.

Sie finden Rezepte aus den Bereichen:

- Frühstück
- Suppen
- Salate
- Fleisch
- Fisch & Meeresfrüchte
- Vegetarisches und Veganes
- Dessert

Dadurch wird es Ihnen möglich, Speisen für den gesamten Tagesablauf und jeweils für den eigenen Geschmack auszuwählen und dabei immer Abwechslung genießen zu dürfen.
Zusätzlich finden Sie Tipps und Tricks fürs erste selbständige Kochen, sowie einen kleinen Lexikonteil, in welchem dann Begriffe aus Rezepten näher erklärt werden, die nicht jeder kennt, die aber ständig erwähnt werden.

Wir wünschen Ihnen viel Freude, Erfolg und Genuss!

Die Utensilien Empfehlung

Wenn man nur sehr selten selbstständig gekocht hat, weiß man vielleicht nicht, welche Kochutensilien benötigt werden, um professionell Gerichte zuzubereiten.

Diese Checkliste von Utensilien zeigt Ihnen, welche Utensilien Grundvoraussetzung für ein erfolgreiches selbstständiges Kochen ist.

- ☐ Schneidbrett
- ☐ Nudelsieb
- ☐ Quirl (Schneebesen)
- ☐ Pfannen
- ☐ Töpfe
- ☐ Standmixer
- ☐ Sieb
- ☐ Stabmixer
- ☐ Sparschäler
- ☐ Kelle
- ☐ Scharfe große und kleine Küchenmesser
- ☐ Pfannenwender oder/und Kochlöffel
- ☐ Nudelholz
- ☐ Messbecher
- ☐ Küchenwaage

Tipps und Tricks für das selbständige Kochen

Zwiebeln schneiden - So klappt es ohne zu tränen.
Um wenige Gase beim Zerschneiden der Zwiebeln freizusetzen, schneiden Sie die Zwiebeln mit einem sehr scharfen Messer. Dadurch werden weniger Zellen gequetscht und somit auch weniger reizende Stoffe freigesetzt.
Nässen Sie das Messer, das Schneidebrett und Ihre Hände kurz unter fließendem Wasser, dadurch hält man die Gase etwas unter Kontrolle.

Zu viel Fett in der Soße - So werden Sie einen Teil los.
Stellen Sie die Soße in den Kühlschrank und lassen Sie sie kalt werden.
Das Fett wird nun an der Oberfläche fest und Sie können es mit einem Löffel wegkratzen.

Zu scharfes es - Das können Sie tun.
Wenn Ihr Essen einmal zu scharf geworden ist, können Sie folgendes tun, um das Essen zu retten: wie zum Beispiel mit einem Löffel Honig. Mit Sahne, Brühe oder Wein können Sie die Schärfe auch binden und das Essen somit strecken.
Es funktioniert auch mit einer rohen Kartoffel oder Möhre. Einfach sie zusammen oder einzeln hinzugeben und eine Weile mitkochen, danach entfernen.

So schneiden Sie eine Paprika richtig.
Eine Paprika richtig zu schneiden ist prinzipiell sehr einfach. Sie benötigen nur die richtigen Utensilien.

Sie benötigen ein scharfes Messer, ein Schneidebrett und ein Behältnis für die Paprikastücke.

Und so funktioniert es: Schneiden Sie den Deckel ab und entfernen Sie anschließend den Boden. Beide Seiten können Sie je nach Gefühl mitschneiden, wobei die abgeschnittenen Stücke jeweils fingerbreit sein sollten.

Jetzt werden die Kerne entfernt: Hierzu die Paprika an einer Seite einschneiden. Anschließend kann man den Kern einfach herausgelöst werden. Das Innenstück kann jetzt entsorgt werden.
Nun können Sie die Paprika wie Sie möchten weiterverarbeiten.

Kartoffeln schälen einfach gemacht.
Ritzen Sie die rohen Kartoffeln einfach einmal rundherum ein.
Nachdem Sie sie gekocht haben, lege Sie die Kartoffeln sofort in ein eiskaltes Wasser. Nach ca. 1-2 Minuten herausnehmen. Sie können die eingeritzte Schale ganz einfach mit den Fingern abziehen.

So lassen sich Kartoffeln einfacher als gewohnt schälen.
Schälen Sie die Kartoffeln nicht sofort, nachdem abgießen. Lassen Sie die Kartoffel lieber für paar Minuten im geschlossenen Kochtopf „ruhen". Nach den paar Minuten die Kartoffeln einzeln herausnehmen und schälen. Jetzt sollte es einfacher von Hand gehen.

So wird Reis wunderschön locker.
Schwitzen (leicht anbraten) Sie den Reis zunächst in etwas Butter oder Öl an. Geben Sie erst den auf der Verpackung angegebene Wassermenge hinzu und kochen bzw. quellen Sie den Reis nach Packungsanleitung. Durch das Anschwitzen klebt der Reis nicht mehr zusammen, sondern bleibt schön locker und körnig.

Klebende Nudeln - So wird man das Problem los!
Wenn man beim Kochen von Nudeln zu wenig Wasser verwendet und die Nudeln während des Kochens nicht umrührt, kleben sie nach dem Abgießen etwas aneinander.
Wenn Ihnen das passiert, dann geben Sie die Nudeln in heißes Wasser und rühren Sie sie darin um. Sie sollten sie jetzt trennen können. Nur noch das Wasser abgießen und fertig.

Kleine Rezeptkunde

Wer zum ersten Mal kocht und noch nie ein Rezept gelesen hat, darf sich herausgefordert fühlen, sobald er sich ein Kochbuch kauft und nur die Hälfte versteht. Hier werden Begriffe verwendet, von denen jeder scheinbar davon ausgeht, dass auch jeder sie kennen muss. Wer sich nun aber nicht auskennt, wird einige Zeit damit verbringen dürfen, herauszufinden, was sie denn genau bedeuten. Genau aus diesem Grund haben wir diese kleine Rezeptkunde beigefügt, die es Ihnen leichter machen soll, zu verstehen, was genau bei einigen Vorgängen gemeint ist.

A	Erklärungen
Ablöschen	Gemüse, Fleisch oder Bratensatz mit Flüssigkeit begießen.
Abschmecken	Gericht oder Soße probieren und bei Bedarf nachwürzen.
Abschrecken	Eine Speise mit kalter Flüssigkeit begießen.
Anbraten	Gemüse oder Fleisch bei sehr starker Hitze in Fett wenden.
Abbrühen	Speisen mit heißem Wasser übergießen.
Abziehen	Das Entfernen der Haut bei Lebensmittel, die schälbar sind, wie zum Beispiel Tomaten.

Angießen	Zugabe von Flüssigkeit, während das Gericht kocht oder gebraten wird.
Anschwitzen	Hierbei werden Lebensmittel, nur kurz in Fett erhitzt, wie zum Beispiel Zwiebeln. Es soll keine Farbe angenommen werden, sondern nur der Garvorgang beginnen.
Aufschäumen	Eine Flüssigkeit wird mit einem Schneebesen oder Stabmixer geschlagen, damit sie locker und luftig wird.
Auslassen	Dieser Ausdruck bezieht sich auf Speck, denn man in einer Pfanne brät, damit das Fett austreten kann.
Ausrollen	Teig, den man auf einer Unterlage ausrollt. Oft wird dafür ein Nudelholz verwendet.
Ausstreichen	Eine Form mit Fett einstreichen, damit eine Masse beim Backen nicht an der Form haften bleibt, sondern sich lösen lässt.

B	Erklärungen
Binden	Eine Soße durch die Zugabe von Mehl etwas fester machen.
Beträufeln	Nur einige Tropfen Flüssigkeit oder Fett über eine Speise geben.

C	Erklärungen
Cordon bleu	Ein Schnitzel, das eingeschnitten und mit Schinken und Käse gefüllt wird. Danach wird es außen paniert.

D	Erklärungen
Dämpfen	Ein Gericht über Wasserdampf garen.
Dünsten	Ein Gericht im Topf oder der Pfanne abdecken und nur bei geringer Hitze garen lassen.
Dressing	Soße, die man für Salat verwendet.

E	Erklärungen
Einbrennen	Fett in einer Pfanne erhitzen und Mehl dazugeben. Warten, bis sich alles bräunt, dann Flüssigkeit dazugeben und 10 Minuten köcheln lassen.

F	Erklärungen
Filetieren	Fisch mit einem Messer von den Gräten befreien.
Fond	Eine Grundbrühe aus Knochen, Fleischstücken und Gemüse. Diese gibt es fertig zu kaufen, man kann sie aber auch selbst herstellen. Der Fond wird gerne verwendet, um Suppen und Soßen ein Aroma zu geben.
Frittieren	Lebensmittel in heißem Öl garen.

G	Erklärungen
Garen	Speisen durch die Zugabe von Hitze zubereiten.
Garnieren	Ein bereits zubereitetes Gericht mit Gemüse oder Gewürzen dekorieren, damit es ansprechender aussieht.
Gratinieren	Ein Gericht im Ofen überbacken. Dafür wird meistens Käse als oberste Lage verwendet.
Glasieren	Etwas Butter in eine Soße geben, damit diese besonders glänzt.

Garziehen	Etwas in Flüssigkeit aufkochen lassen. Dann Hitze ausstellen, damit das Gargut einfach in der Flüssigkeit nachzieht und gar wird.

H	Erklärungen
Hacken	Ein Lebensmittel mit dem Messer sehr klein schneiden.
Hobeln	Das Zerkleinern von Lebensmittel mit einer Raspel oder einem Hobel

J	Erklärungen
Hus	Bratensaft oder Fleischsaft

K	Erklärungen
Kasserolle	Eine Pfanne oder ein Topf mit sehr hohem Rand.
Kotelett	Ein Fleischstück, welches aus dem Karre geschnitten wird. Es kann mit oder ohne Rippenknochen gekauft werden.

Kross	Etwas scharf bei hoher Hitze anbraten, damit es eine Kruste erhält.
Karamellisieren	Lebensmittel in eine Pfanne geben und mit Zucker bestreuen. Dabei wird der Zucker braun, die Lebensmittel hingegen erhalten eine leichte Zuckernote.
Kochen	Das Garen in viel Flüssigkeit.
Kurzbraten	Scharfes Anbraten von Lebensmitteln bei hoher Hitze.

L	Erklärungen
Legieren, Liieren	Eine Suppe durch Zugabe von Sahne oder Stärke binden.

M	Erklärungen
Marinieren	Fleisch in eine Flüssigkeit oder Öl einlegen, damit es einen besonderen Geschmack annimmt.
Montieren	Frische Butter in eine Suppe oder Soße geben, damit diese samtig schmeckt.

Mehlieren	Lebensmittel vor dem Garen in Mehl wenden, damit sich eine Panade bildet und die Saftigkeit erhalten bleibt.

N	Erklärungen
Nappieren	Eine Speise mit einer Soße überziehen.

P	Erklärung
Panieren	Ein Lebensmittel erst in Mehl, dann in Ei und dann in Paniermehl wenden.
Passieren	Ein Fleischstück, welches aus dem Karre geschnitten wird. Es kann mit oder ohne Rippenknochen gekauft werden.
Pochieren	Etwas in eine warme Flüssigkeit geben und weich kochen.
Prise	Nur eine kleine Menge an Zucker, Gewürzen oder Salz die zwischen den Daumen und den Zeigefinger passt.
Pürieren	Eine Masse wird mithilfe eines Stampers oder Stabmixers zerkleinert.

Putzen	Die Kontrolle von Obst oder Gemüse. Dabei werden braune Stellen und Schmutz entfernt.

Q	Erklärungen
Quellen lassen	Trockene Lebensmittel, die man in Flüssigkeit aufweicht, damit sie aufquellen.

R	Erklärungen
Reduzieren	Flüssigkeit so lange mit Hitze einkochen, bis die gewünschte Dicke erreicht hat.
Rösten	Ein Nahrungsmittel mit ständigem Rühren in einer Pfanne oder in einem Topf bei mittlerer Hitze bräunen.
Raspeln	Lebensmittel mithilfe einer Raspel oder Reibe in schmale Streifen zerkleinern.

S	Erklärungen

Schmoren	Fleisch garen, in dem es mindestens zu einem Drittel in Flüssigkeit schwimmt.
Sämig kochen	Ein Bindemittel wie Mehl in eine Flüssigkeit geben und diese einkochen, damit sie fester wird.
Schlagen	Eine Masse mit einem Rührgerät oder einem Schneebesen schlagen, damit Luft in die Masse kommt und diese steif wird. Beispiele sind Eiweiß und Sahne.

U	Erklärungen
Unterheben	Eine Flüssigkeit oder Creme vorsichtig in einer andere untermischen.

V	Erklärungen
Vinaigrette	Eine Salatsoße

Z	Erklärungen
Ziehen lassen	Etwas in einer heißen Flüssigkeit liegen lassen, ohne dass diese kocht, damit es gar wird.

Frühstücksrezepte

Joghurt mit Müsli und Obst

Zubereitungszeit: 10 Minuten
Portionen: 2
Zutaten:

- 100 g Vollkornhaferflocken
- 1 Apfel
- 4 EL Sanddornsaft
- 2 EL Haselnüsse, gehackt
- 2 EL Rosinen
- 300 g Joghurt, Natur

Zubereitung:

1. Apfel in Viertel schneiden. Kerngehäuse herausschneiden, Apfel schälen, waschen und in Stücke schneiden.
2. Haferflocken, Nüsse und Apfel mit Haselnüssen mischen.
3. Joghurt in zwei Schälchen geben und andere Zutaten darauf verteilen.

Kräftiges Frühstück mit Chorizo, Tomaten und Ei

Zubereitungszeit: 25 Minuten
Portionen: 4
Zutaten:

- 3 Stiele Basilikum
- 2 Zwiebeln
- 200 g Chorizo Wurst
- 200 g Kirschtomaten
- 2 EL Sonnenblumenöl
- 4 Eier
- Salz
- Pfeffer

Zubereitung:

1. Tomaten waschen und halb schneiden.
2. Zwiebeln schälen, halb schneiden und in Streifen schneiden.
3. Wurst in Scheiben schneiden.
4. In zwei Pfannen das Öl verteilen und erhitzen.
5. In eine Pfanne gibt man die Chorizo und die Zwiebel um diese für 2 Minuten anzubraten. Zwischendurch immer wenden. Die Tomaten werden hinzugegeben und alles muss 1 Minute braten. Nun wird der Pfanneninhalt auf die beiden Pfannen verteilt.
6. In jede Pfanne werden 2 Eier aufgeschlagen und alles brät für 4 Minuten.
7. Basilikum waschen und fein hacken. Dann auf die Pfannen streuen und das Essen servieren.

Pfannkuchen

Zubereitungszeit: 35 Minuten
Portionen: 6
Zutaten:

- 2 EL Zucker
- 125 ml Mineralwasser
- 1 Packung Vanillezucker
- 1 Messerspitze Backpulver
- 5 EL Margarine
- 150 g Mehl
- 250 ml Milch
- 4 Eier
- Salz

Zubereitung:

1. Mehl und Backpulver mischen.
2. In einer zweiten Schüssel Mineralwasser, 1 Prise Salz, Milch und Eier mischen. Dann mit einem Handrührgerät gut durchrühren. Mit dem Mehl mischen und wieder durchrühren, bis ein glatter Teig entstanden ist.
3. Etwas Margarine in einer Pfanne erhitzen und eine Kelle Teig hineingeben. Dann die Pfannkuchen bei mittlerer Hitze backen lassen, bis sie fester sind. Die Pfannkuchen wenden und backen, bis sie von beiden Seiten eine goldbraune Farbe aufweisen.
4. Den Vorgang wiederholen, bis der Teig aufgebraucht ist. Zwischendurch muss auch immer wieder Margarine in die Pfanne gegeben werden.
5. Zu den Pfannkuchen kann man Marmelade oder Nuss Nugatcreme servieren, um die Pfannkuchen damit zu bestreichen.

Eier Benedict

Zubereitungszeit: 30 Minuten
Portionen: 1

Zutaten:

- 4 Scheiben Weizentoast
- 4 Scheiben Kochschinken
- ½ Bund Schnittlauch
- Etwas Soße hollandaise
- 4 Eier
- 1 Avocado
- Muffinblech
- Öl

Zubereitung:

1. Ofen auf 180 Grad vorheizen.
2. Das Muffinblech mit Öl einfetten. Dann in 4 Mulden je einen 1 EL Wasser geben. In jede Mulde wird ein Ei aufgeschlagen. Das Muffinblech muss für 10 Minuten im Ofen bei 180 Grad backen.
3. Toast toasten.
4. Avocado halb schneiden, den Kern herausnehmen, schälen und das Fruchtfleisch in Streifen schneiden.
5. Jeden Toast mit einer Scheibe Kochschinken belegen.
6. Schnittlauch waschen und in Röllchen schneiden.
7. Auf den Schinken die Avocado geben und das Ei vorsichtig darauf legen. Etwas Soße hollandaise darüber geben und mit Schnittlauch bestreuen.

Pikante Pfannkuchen

Zubereitungszeit: 45 Minuten
Portionen: 4

Zutaten:

- 380 ml Milch
- 2 EL Öl
- 250 g Mehl
- 1 Prise Salz
- 2 Eier
- 8 Scheiben Schinken
- 2 Tomaten
- 150 g Gouda, gerieben

Zubereitung:

1. Eier, Salz, Mehl und Milch mischen.
2. Öl in einer Pfanne erhitzen und Teig hineingeben. Pfannkuchen backen, bis er etwas fester wird, dann wenden und andere Seite backen. Vorgang wiederholen, bis der Teig aufgebraucht ist.
3. Ofen auf 180 Grad vorheizen.
4. Tomaten waschen und in Würfel schneiden.
5. Pfannkuchen mit einer Scheibe Schinken belegen, Tomaten und Käse darüber streuen. Pfannkuchen zusammenrollen.
6. Auflaufform einfetten und Pfannkuchenrollen hineinlegen. 20 Minuten im Ofen backen.

Rührei mit Bacon und Würstchen

Zubereitungszeit: 25 Minuten
Portionen: 4

Zutaten:

- 1 Packung Frankfurter Würstchen, 200 g
- 100 g Bacon (Frühstücksspeck)
- 8 Eier
- ½ Bund Schnittlauch
- 100 ml Milch
- 20 g Margarine
- Salz
- Pfeffer

Zubereitung:

1. Eier und Milch in eine Schüssel geben und miteinander mischen.
2. Margarine in einer Pfanne erhitzen. Das Ei hineingeben und bei geringer Hitze backen lassen, bis es fester wird. Dann mit einem Pfannenwender hin und her schieben, bis das gesamte Ei fest ist.
3. Speck halb schneiden.
4. In einer zweiten Pfanne etwas Margarine erhitzen. Dann den Bacon hineingeben und backen. Wieder aus der Pfanne nehmen und die Würstchen in dieser Pfanne anbraten.
5. Schnittlauch waschen und in Röllchen schneiden.
6. Rührei mit Bacon und Würstchen servieren. Schnittlauch darüber streuen.

Grießbrei

Zubereitungszeit: 20 Minuten
Portionen: 1
Zutaten:

- 50 g Grieß
- 500 ml Milch
- 1 EL Butter
- 1 EL Zucker
- 1 Packung Vanillezucker

Zubereitung:

1. Zucker, Vanillezucker und Milch in einen Topf geben und aufkochen lassen.
2. Den Grieß in den Topf rühren und alles auf geringe Hitze stellen. Dann abdecken und 5 Minuten garen lassen.
3. Topf vom Herd nehmen und Butter unter den Brei rühren.

Amerikanische Pancakes

Zubereitungszeit: 20 Minuten
Portionen: 1
Zutaten:

- 150 g Mehl
- 3 Eier
- 2 EL Zucker
- 100 ml Milch
- Ahornsirup
- 200 ml Joghurt, Natur
- 1 Prise Salz
- 1 Packung Backpulver
- Olivenöl

Zubereitung:

1. Naturjoghurt und Milch mischen.
2. Eier in eine Schüssel geben und mit einer Gabel mischen.
3. Alle Zutaten ohne das Öl und den Ahornsirup mischen.
4. In einer Pfanne etwas Öl erhitzen. Dann kleine Mengen an Teig hineingeben und bei mittlerer Stufe backen, bis die Pancakes etwas fester werden. Dann wenden und auch von der anderen Seite backen.
5. Pancakes mit Ahornsirup servieren.

Gebackene Muffins mit Ei, Toast und Speck

Zubereitungszeit: 45 Minuten
Portionen: 4

Zutaten:

- 4 Scheiben Toastbrot
- 4 Scheiben Frühstücksspeck
- 4 EL Olivenöl
- 3 TL Thymian, gehackt
- 2 EL Senf, mittelscharf
- 4 Eier
- Muffinblech

Zubereitung:

1. Ofen auf 160 Grad vorheizen.
2. Vier Mulden mit Öl bestreichen.
3. Toastbrot auf ein Brett legen und mit einem Nudelholz darüber rollen, damit es flacher wird. Jede Scheibe Toast in eine Mulde des Muffinbleches drücken.
4. Senf auf den Toast streichen, Speck darauflegen und Thymian darüber streuen. Dann je ein Ei darauf ausschlagen.
5. Muffins im Ofen für 30 Minuten backen.

Arme Ritter

Zubereitungszeit: 15 Minuten
Portionen: 4
Zutaten:

- 250 ml Milch
- 4 Scheiben Toastbrot
- 50 g Butter
- 1 Ei
- Zucker
- Zimt

Zubereitung:

1. Milch und Ei in einer Schüssel mischen. Toast hineingeben und einweichen lassen.
2. In einer Pfanne Butter erhitzen. Toastbrot dann in der Butter braten, bis es goldbraun ist. Wenden und auch von der anderen Seite braten.
3. Toast auf Teller geben und etwas Zimt und Zucker darüber streuen.

Rührei mit Räucherlachs und Schnittlauch

Zubereitungszeit: 15 Minuten
Portionen: 2

Zutaten:

- 2 Scheiben Räucherlachs
- 6 Eier
- 1 TL Schnittlauch, in Röllchen geschnitten
- Etwas Butter
- 3 EL Milch
- Salz
- Pfeffer

Zubereitung:

1. Ei mit Milch mischen. Mit Salz und Pfeffer würzen.
2. In einer Pfanne die Butter erhitzen und Ei hineingeben. Sobald das Ei etwas fester wird mit einem Pfannenwender in der Pfanne hin und her schieben.
3. Lachs in grobe Stücke zerkleinern und zum Ei geben. Dann servieren und mit Schnittlauch bestreuen.

Crêpe

Zubereitungszeit: 20 Minuten
Portionen: 2
Zutaten:

- 125 g Mehl
- 250 ml Milch
- 1 Prise Salz
- 2 Eier
- Etwas Öl

Zubereitung:

1. Ei mit der Milch mischen. Dann einen kleinen Schuss Öl und eine Prise Salz dazumischen. Mehl unterrühren.
2. Wenig Öl in einer Pfanne erhitzen. Dann nur eine geringe Menge Teig hineingeben und die Pfanne so schwenken, dass sich der Teig darin verteilt. Crêpes sollten immer sehr dünn sein.
3. Teig etwas backen lassen, dann wenden.
4. Die Crêpes kann man auch füllen und dann zusammenrollen.

Bircher Müsli

Zubereitungszeit: 15 Minuten
Portionen: 1
Zutaten:

- 1 Banane
- 125 ml Milch
- 80 g Müsli, gemischt
- 65 ml Sahne
- 125 g Joghurt, Natur
- 1 Apfel
- 2 EL Rosinen

Zubereitung:

1. Banane schälen und in Stücke schneiden.
2. Apfel in Viertel schneiden, Kerngehäuse herausschneiden, schälen und in Stücke schneiden.
3. Dann alle Zutaten mischen und alles 10 Minuten durchziehen lassen.

Suppen

Bärlauchsuppe

Zubereitungszeit: 40 Minuten
Portionen: 4
Zutaten:

- 2 EL Butter
- 5 Kartoffeln, mittelgroß
- 1 Zwiebel
- 100 g Bärlauch, frisch
- 50 ml Sahne
- 1 Liter Gemüsebrühe
- Salz
- Pfeffer

Zubereitung:

1. Kartoffeln schälen und in grobe Stücke schneiden.
2. Zwiebel schälen und in Würfel schneiden. Dann in einem Topf mit Butter andünsten. Brühe und Kartoffeln dazugeben.
3. Bärlauch waschen und in die Suppe geben. Salzen und pfeffern. Suppe 30 Minuten bei geringer Hitze köcheln lassen und pürieren. Danach die Sahne untermischen.

Spargelcremesuppe

Zubereitungszeit: 1 Stunde 30 Minuten
Portionen: 6

Zutaten:

- 1,5 Liter Wasser
- 40 g Mehl
- 1 Eigelb
- 500 g Spargel, weiß
- 4 EL saure Sahne
- 60 g Butter
- 1 TL Zucker
- 1 EL Zitronensaft
- Salz
- Pfeffer

Zubereitung:

1. Spargel waschen und schälen. Dann das untere Drittel abschneiden, weil es holzig ist und man es nicht gut essen kann.
2. Spargelschalen und die abgeschnittenen Enden mit dem Wasser in einem Topf für 20 Minuten kochen.
3. Brühe durch ein Sieb geben. Suppe dabei auffangen und Schalen danach entsorgen.
4. Zucker und Salz in die Suppe geben. Spargel klein schneiden und mit hineingeben. Suppe 20 Minuten kochen.
5. In einem zweiten Topf Butter erhitzen. Dann das Mehl unter ständigem Rühren dazugeben, bis es eine Masse ergibt. Einen Teil der Brühe von der Suppe dazugeben und einmal aufkochen. Danach den restlichen Teil der Suppe dazugeben, gut rühren und 15 Minuten kochen lassen.
6. Eigelb mit Zitronensaft mischen und in die Suppe geben.

Brokkolisuppe

Zubereitungszeit: 20 Minuten
Portionen: 4
Zutaten:

- 2 Kartoffeln, groß
- 500 g Brokkoli
- 100 ml Sahne
- 1 Liter Gemüsebrühe
- Salz
- Pfeffer

Zubereitung:

1. Kartoffeln in Stücke schneiden.
2. Brokkoli in Stücke schneiden. Mit den Kartoffeln in einem Topf mit der Brühe für 20 Minuten kochen.
3. Suppe mit dem Stabmixer pürieren und die Sahne untermischen. Mit Salz und Pfeffer würzen.

Möhrensuppe mit Ingwer

Zubereitungszeit: 30 Minuten
Portionen: 4

Zutaten:

- 600 ml Gemüsebrühe
- 60 g Ingwer, frisch
- 150 ml Kokosmilch
- 400 g Möhren
- 1 EL Zucker
- 50 g Butter
- Salz
- Pfeffer

Zubereitung:

1. Die Schale vom Ingwer entfernen und den Ingwer in kleine Stücke schneiden.
2. Möhren schälen und in Scheiben schneiden.
3. Butter in einem Topf erhitzen und die Möhren andünsten lassen. Dann den Ingwer untermischen. Brühe und Kokosmilch dazugeben und die Suppe für 20 Minuten kochen lassen. Dann mit einem Stabmixer pürieren, salzen und pfeffern.

Französische Zwiebelsuppe

Zubereitungszeit: 35 Minuten
Portionen: 4

Zutaten:

- 500 g Zwiebeln
- 100 g Gouda, gerieben
- 1 Liter Fleischbrühe
- 2 Knoblauchzehen
- 4 Scheiben Toastbrot
- 20 g Mehl
- 250 ml Weißwein
- Salz
- Pfeffer

Zubereitung:

1. Knoblauchzehe schälen und in Würfel schneiden.
2. Zwiebeln schälen und in Ringe schneiden.
3. In einem Topf die Butter erhitzen. Dann Knoblauch und Zwiebeln hineingeben und andünsten. Weißwein und Brühe untermischen.
4. Suppe bei geringer Hitze für 20 Minuten köcheln lassen. Salzen und pfeffern.
5. Die Rinden vom Toastbrot abschneiden und das Brot toasten.
6. Dann gibt man die Suppe in Teller oder Suppentassen. Das Brot wird darauf gelegt und mit dem Käse bestreut.
7. Die Suppentassen muss man für 10 Minuten bei 230 Grad im Backofen garen lassen, bis der Käse goldbraun ist.
8. Beim Servieren sollte man mögliche Gäste davor warnen, dass die Suppentassen sehr heiß sind.

Hackfleisch-Käse-Lauch Suppe

Zubereitungszeit: 30 Minuten
Portionen: 4
Zutaten:

- 2 Stangen Lauch
- 300 g Hackfleisch, vom Rind
- 200 ml Sahne
- 2 EL Speckwürfel
- 1 Zwiebel
- 2 EL saure Sahne
- 600 ml Gemüsebrühe
- 2 Kartoffeln
- Öl zum Braten
- Salz
- Pfeffer

Zubereitung:

1. Zwiebel schälen und in Würfel schneiden.
2. Kartoffel schälen und in Würfel schneiden.
3. Lauch waschen und in Ringe schneiden.
4. Etwas Öl in einem großen Topf erhitzen und das Hackfleisch anbraten. Dabei immer wieder rühren. Kartoffeln, Lauch, Zwiebel und Brühe dazugeben. Suppe für 20 Minuten bei geringer Hitze köcheln lassen.
5. Vor dem Servieren noch die Sahne unterrühren. Mit Salz und Pfeffer würzen.

Tomatensuppe mit Reis

Zubereitungszeit: 30 Minuten
Portionen: 4

Zutaten:

- 2 Knoblauchzehen
- 200 g Reis
- 1 Zwiebel
- 800 g Tomaten, gehackt in der Dose
- 120 g Creme fraiche
- 2 EL Olivenöl
- 500 ml Gemüsebrühe
- 1 TL Chilipulver
- Salz
- Pfeffer

Zubereitung:

1. Knoblauch und Zwiebel schälen, etwas zerkleinern und in einen Mixer geben. Mischung mixen.
2. Olivenöl in einem Topf erhitzen und den Knoblauchmix einrühren. Tomaten, Brühe, Chili, Salz und Pfeffer dazugeben.
3. Alles für 15 Minuten bei geschlossenem Deckel bei kleiner Stufe garen.
4. Reis nach Anweisung garen.
5. Suppe in Teller geben, Reis hineinstreuen und Creme fraiche darauf geben.

Blumenkohlsuppe

Zubereitungszeit: 45 Minuten
Portionen: 4
Zutaten:

- 1 Blumenkohl
- 1 Zwiebel
- 6 EL Mandelblättchen
- 800 ml Gemüsebrühe
- 6 EL Öl
- Salz
- Pfeffer

Zubereitung:

1. Blumenkohl waschen und in kleinere Stücke schneiden.
2. Zwiebel schälen und würfeln.
3. Öl in einem Topf erhitzen und Zwiebeln für 2 Minuten anbraten. Blumenkohl dazugeben und 3 Minuten mitbraten.
4. Brühe in den Topf gießen, Suppe abdecken und bei geringer Hitze 20 Minuten köcheln lassen.
5. Mandeln in einer Pfanne ohne Fett anrösten und dann zur Seite stellen.
6. Blumenkohlsuppe mit dem Stabmixer pürieren, salzen und pfeffern. Beim Servieren die Mandeln darüber streuen.

Kartoffelsuppe mit Wiener Würstchen

Zubereitungszeit: 45 Minuten
Portionen: 4

Zutaten:

- 1 kg Kartoffeln
- 20 g Petersilie, frisch gehackt
- 1 Zwiebel
- 1 Liter Gemüsebrühe
- 3 EL Öl
- 200 ml Weißwein
- 200 ml Sahne
- 8 Wiener Würstchen
- 3 EL Butter
- Salz
- Pfeffer

Zubereitung:

1. Kartoffeln schälen und in Würfel schneiden.
2. Zwiebel schälen und in Würfel schneiden.
3. Butter und Öl in einem Topf erhitzen. Zwiebeln und Kartoffeln hineingeben und 3 Minuten braten. Dann Gemüsebrühe und Weißwein dazugeben, abdecken und bei geringer Hitze 25 Minuten köcheln lassen.
4. Suppe pürieren und Sahne untermischen. Mit Salz und Pfeffer würzen. Würstchen in die Suppe geben und für 5 Minuten mit erwärmen.
5. Beim Servieren Petersilie über die Suppe streuen.

Zucchinicremesuppe

Zubereitungszeit: 45 Minuten
Portionen: 4
Zutaten:

- 4 Zucchini
- 500 ml Gemüsebrühe
- 50 g Frischkäse, Natur
- 1 Knoblauchzehe
- 2 EL Öl
- 2 Zwiebeln
- Salz
- Pfeffer

Zubereitung:

1. Knoblauch und Zwiebel schälen und fein würfeln. Zusammen mit Öl in einem Topf anbraten.
2. Zucchini waschen, in Würfel schneiden und 5 Minuten mit im Topf anbraten. Brühe dazugeben, salzen und pfeffern.
3. Suppe zudecken und 20 Minuten garen lassen. Dann mit dem Stabmixer pürieren. Beim Servieren etwas Frischkäse auf jeden Teller mit Suppe geben.

Kohlrabisuppe mit Lachs

Zubereitungszeit: 45 Minuten
Portionen: 4

Zutaten:

- 500 ml Gemüsebrühe
- 400 g Lachs, frisch
- 1 Zwiebel
- Saft einer Zitrone
- 3 Kohlrabis
- 4 EL Butter
- Salz
- Pfeffer

Zubereitung:

1. Lachs in 4 Stücke zerteilen.
2. Kohlrabi schälen, kleiner schneiden und in einem Topf anbraten.
3. Zwiebel schälen, in Würfel schneiden und zum Kohlrabi geben.
4. Brühe, Salz und Pfeffer mit zum Gemüse geben. Suppe abdecken, bei geringer Hitze für 15 Minuten köcheln. Dann mit dem Stabmixer pürieren.
5. In einer Pfanne etwas Öl erhitzen und den Lachs darin je Seite3 Minuten braten. Etwas Zitronensaft darüber geben.
6. Suppe in Teller geben und Lachs darauf geben.

Salate

Steaksalat auf Baguette

Zubereitungszeit: 40 Minuten
Portionen: 4

Zutaten:

- 1 Glas Paprika, eingelegt und geröstet 370 ml
- 2 Rumpsteaks, je 300 g
- 200 ml Aioli
- 100 g Parmesan, am Stück
- 2 Baguettes, Länge je 50 cm
- 2 EL Öl
- 100 g Rucola Salat
- Salz
- Pfeffer

Zubereitung:

1. Steaks von jeder Seite abtupfen.
2. Öl in einer Pfanne erhitzen. Die Steaks je Seite 2 Minuten braten. Danach die Hitze auf die mittlere Stufe herunterschalten und Steaks noch 1 Minute braten.
3. Steak in Alufolie wickeln und 10 Minuten ruhen lassen.
4. Rucola waschen und trocken schütteln. Unschöne Blätter entfernen.
5. Parmesan in Späne schneiden. Das geht am besten mit dem Sparschäler.
6. Paprika abtropfen lassen und in dünne Scheiben schneiden.
7. Rucola, Parmesan und Paprika mischen.
8. Steak in dünne Scheiben schneiden.
9. Baguettes aufschneiden. Dann auf die untere Seite, die Aioli verteilen. Steak darauf geben und mit Salat bedecken. Obere Hälfte wieder auf das Baguette legen und servieren.

Blattsalat mit Parmesan und Granatapfel und Birne

Zubereitungszeit: 30 Minuten
Portionen: 2
Zutaten:

- 50 g Blattsalate, gemischt
- 1 Granatapfel
- 2 EL Olivenöl
- 1 Prise Zucker
- 20 g Mandelkerne
- 3 EL Apfelessig
- 1 Birne
- 20 g Parmesan, gehobelt
- Salz
- Pfeffer
- Zucker

Zubereitung:

1. Granatapfel halb schneiden. Die Kerne einer Hälfte mit einem Löffel herausnehmen und den Saft dabei auffangen. Bei der zweiten Hälfte den Saft auspressen.
2. Birne in Viertel schneiden. Das Kerngehäuse entfernen, schälen und in dünne Scheiben schneiden.
3. Apfelessig, Olivenöl, Salz und Pfeffer mit einer Prise Zucker mischen.
4. Salat waschen und auf Tellern anrichten. Birnen darauf verteilen. Salatsoße mit dem Apfelessig darüber träufeln. Granatapfelkerne, Parmesan und Mandeln darüber streuen.

Griechischer Salat

Zubereitungszeit: 20 Minuten
Portionen: 4

Zutaten:

- 2 EL Zitronensaft
- 3 Zwiebeln, rot
- 100 ml Weißwein Essig
- 1 Salatgurke
- 75 g Oliven, schwarz ohne Stein
- 4 EL Olivenöl
- 200 g Fetakäse
- Zucker
- 2 Römersalatherzen
- 500 g Tomaten
- Pfeffer
- Salz

Zubereitung:

1. Tomaten waschen und in grobe Stücke schneiden.
2. Gurke schälen und in Stücke schneiden.
3. Salat waschen und grob zerrupfen.
4. Zwiebeln schälen und in Ringe schneiden.
5. Schafskäse in Würfel schneiden.
6. Zitronensaft, 1 Prise Zucker, 1 Prise Salz, 1 Prise Pfeffer und Essig mischen. Danach erst das Öl unterrühren.
7. Alle Zutaten miteinander mischen.

Sommersalat mit Hähnchen

Zubereitungszeit: 30 Minuten
Portionen: 4
Zutaten:

- 4 EL Weißweinessig
- 4 Hähnchenbrustfilets
- 1 Bund Basilikum
- 6 EL Olivenöl
- 150 g Ziegenfrischkäse
- 3 EL Aceto balsamico Essig
- 500 g Kirschtomaten
- 1 Aprikose
- Zucker
- Salz
- Pfeffer

Zubereitung:

1. Tomaten waschen und halb schneiden.
2. Basilikum waschen und fein hacken.
3. Fleisch waschen und abtupfen.
4. In einer Pfanne 2 EL Öl erhitzen. Fleisch darin je Seite 6 Minuten braten. Mit Salz und Pfeffer würzen.
5. Aprikose waschen, halb schneiden, Kern entnehmen und in Spalten schneiden.
6. Essig, 1 Prise Zucker, 1 Prise Salz, 5 EL Öl und 1 Prise Pfeffer mischen. Dann Aprikosen, Tomaten und Basilikum untermischen.
7. Frischkäse etwas zerbröckeln und über den Salat streuen.

Salat mit Tomaten und Büffelmozzarella

Zubereitungszeit: 35 Minuten
Portionen: 4

Zutaten:

- 250 g Büffelmozzarella
- 500 g Kirschtomaten
- 1 Zitrone, Bio
- 8 EL Olivenöl
- 1 Bund Basilikum
- 200 g Rauke
- Meersalz

Zubereitung:

1. Tomaten waschen und halb schneiden. Dann ein Backblech mit Backpapier belegen. Tomaten mit der Schnittfläche nach unten auf das Backpapier legen, 3 EL und Salz darüber geben. Tomaten für 20 Minuten bei 200 Grad im Ofen backen.
2. Rauke waschen und abtropfen lassen.
3. Basilikum waschen und fein hacken.
4. Zitrone halb schneiden und Saft auspressen.
5. Zitronensaft, Salz, Pfeffer und restliches Öl mischen.
6. Tomaten auf dem Ofen nehmen und abkühlen lassen.
7. Basilikum und Rauke mit der Soße aus Zitronensaft mischen. Tomaten auf den Salat geben. Mozzarella klein rupfen und auf dem Salat verteilen.

Avocado Salat mit Garnelen

Zubereitungszeit: 25 Minuten
Portionen: 4
Zutaten:

- 6 EL Öl
- 2 Avocados
- 400 g Garnelen, ohne Schale und ohne Darm
- 4 EL Balsamico Essig
- 3 EL Zitronensaft
- 2 Schalotten
- 200 g Kirschtomaten
- 1 L Honig
- ½ Kopfsalat
- Salz
- Pfeffer

Zubereitung:

1. Avocados halb schneiden, Kern herausnehmen, schälen und Fruchtfleisch in Streifen schneiden. In eine Schüssel geben und mit Zitronensaft mischen.
2. Tomaten waschen und halb schneiden.
3. Schalotten schälen und in Würfel schneiden.
4. Salat waschen und klein rupfen.
5. Honig, Essig, Salz, 5 EL Öl und Pfeffer mischen. Alle anderen Zutaten ohne die Garnelen dazugeben.
6. Restliches Öl in einer Pfanne erhitzen. Garnelen je Seite 2 Minuten darin braten. Garnelen aus der Pfanne nehmen und auf dem Salat anrichten.

Fenchel Salat mit Thunfisch

Zubereitungszeit: 35 Minuten
Portionen: 4

Zutaten:

- ½ Salatgurke
- 2 Dosen Thunfisch, je 185 g im eigenen Saft
- 2 Knollen Fenchel
- 3 Knoblauchzehen
- 2 EL Olivenöl
- 1 Bund Koriander
- Saft einer Zitrone
- Salz
- Pfeffer

Zubereitung:

1. Tomate waschen und in Stücke schneiden.
2. Fenchel waschen und in dünne Streifen schneiden. Zusammen mit den Tomaten und dem Zitronensaft mischen.
3. Knoblauch schälen und fein hacken.
4. Koriander waschen und klein schneiden.
5. Gurke schälen, halb schneiden, Kerne mit einem Löffel herauskratzen und in Würfel schneiden. Dann zu den Tomaten geben.
6. Knoblauch, Koriander, Olivenöl, Pfeffer und Salz mischen. Soße auf den Salat geben.
7. Thunfisch abtropfen lassen, etwas zerkleinern und auf dem Salat verteilen.

Marinierter Zucchinisalat

Zubereitungszeit: 15 Minuten
Portionen: 4

Zutaten:

- 2 Zucchini
- 1 Peperoni
- 1 Knoblauchzehe
- 3 EL Olivenöl
- Saft einer Limette
- 200 g Feta
- Salz
- Pfeffer

Zubereitung:

1. Peperoni waschen, halb schneiden, Kerne entfernen und in Streifen schneiden.
2. Zucchini waschen und die Enden abschneiden. Dann mit einem Sparschäler in Streifen hobeln.
3. Knoblauch schälen und würfeln. Mit 2 EL Limettensaft, Salz, Pfeffer und Knoblauch mischen.
4. Zucchini und Peperoni dazugeben.
5. Feta klein bröseln und über den Salat streuen.

Kiwi Tomatensalat

Zubereitungszeit: 15 Minuten
Portionen: 4
Zutaten:

- 500 g Tomaten
- 1 Zitrone
- 3 TL Honig
- 1 TL Schnittlauch
- 4 Kiwis
- 4 EL Honig
- Salz
- Pfeffer

Zubereitung:

1. Zitrone waschen, halb schneiden und Saft auspressen. Saft mit Öl, Honig, Salz und Pfeffer mischen.
2. Tomaten waschen und in dünne Scheiben schneiden.
3. Kiwi schälen und in dünne Scheiben schneiden.
4. Alle Zutaten zusammenmischen.

Salat mit Früchten und Camembert

Zubereitungszeit: 20 Minuten
Portionen: 4
Zutaten:

- 300 g Salat gemischt
- 200 g Camembert
- 1 Schalotte
- ½ Honigmelone
- 150 g Himbeeren
- 2 EL Essig
- 1 TL Honig
- 1 TL Senf
- 3 EL Olivenöl
- Salz
- Pfeffer

Zubereitung:

1. Salat waschen und klein rupfen.
2. Schalotte schälen und in Würfel schneiden.
3. Melone halb schneiden, Kerne mit einem Löffel herauskratzen und würfeln.
4. Camembert in Würfel schneiden.
5. Himbeeren waschen.
6. Honig, Salz, Pfeffer, Senf und Essig mischen. Dann Olivenöl unterrühren.
7. Alle Zutaten zusammenmischen.

Tomaten Gurkensalat

Zubereitungszeit: 25 Minuten
Portionen: 4

Zutaten:

- 2 EL Olivenöl
- 1 Salatgurke
- 2 TL Petersilie
- 500 g Tomaten
- 1 Zwiebel
- Saft einer Zitrone
- 1 TL Honig
- Salz
- Pfeffer

Zubereitung:

1. Gurke der Länge nach aufschneiden. Kerne mit einem Löffel herauskratzen und Gurke in Stücke schneiden.
2. Tomate waschen und in Würfel schneiden.
3. Zwiebel schälen und in Würfel schneiden.
4. Honig, Salz, Pfeffer und 2 EL Zitronensaft mischen. Dann Gurken, Zwiebel und Tomaten untermischen.

Bunter Brezelsalat

Zubereitungszeit: 35 Minuten
Portionen: 4

Zutaten:

- 100 g Feldsalat
- 1 Paprikaschote, rot
- 1 Paprikaschote, gelb
- 1 Bund Radieschen
- 2 Laugenbrezeln
- 1 Bund Frühlingszwiebeln
- 1 TL Honig
- 6 EL Olivenöl
- 1 EL Senf
- 3 EL Weißweinessig
- Salz
- Pfeffer

Zubereitung:

1. Beide Paprikaschoten halb schneiden, Kerne und Trennwände entfernen, waschen und in Streifen schneiden.
2. Radieschen vom Grün abschneiden und in Scheiben schneiden.
3. Feldsalat waschen.
4. Frühlingszwiebeln waschen und in Ringe schneiden.
5. Brezeln in Scheiben schneiden und in einer Pfanne mit 2 EL Olivenöl kross braten. Zwischendurch wenden.
6. Restliches Öl, Essig, Senf, Honig, Salz und Pfeffer mischen. Dann Paprika, Feldsalat, Radieschen und Frühlingszwiebeln damit mischen. Brezeln auf den Salat geben.

Birnen Spinat Salat mit Schinken

Zubereitungszeit: 30 Minuten
Portionen: 1

Zutaten:

- 120 g Babyspinat
- 30 Schinken, luftgetrocknet
- 1 Birne
- 1 TL Senf
- Saft einer halben Zitrone
- 2 EL Walnussöl
- Salz
- Pfeffer

Zubereitung:

1. Birne in Viertel schneiden, Kerngehäuse herausschneiden, schälen und in dünne Scheiben schneiden.
2. Spinat waschen.
3. Öl, Senf, Pfeffer und Zitronensaft mischen. Dann Spinat und Birne untermischen.
4. Schinken etwas klein schneiden und auf den Salat geben.

Tomaten Salat mit paniertem Fetakäse

Zubereitungszeit: 20 Minuten

Portionen: 4

Zutaten:

- 300 g Feta
- 100 g Haselnusskerne, gemahlen
- 1 EL Essig
- 150 g Joghurt, Natur
- 1 Ei
- 4 Frühlingszwiebeln
- 4 EL Olivenöl
- 8 Tomaten
- Salz
- Pfeffer

Zubereitung:

1. Tomaten waschen und in Scheiben schneiden.
2. Haselnusskerne auf einen Teller geben. Ei auf einen zweiten Teller geben und mit einer Gabel verquirlen. Feta in dem Ei und dann in den Haselnusskernen wenden.
3. Joghurt, Salz, Pfeffer, Essig und 2 EL Olivenöl mischen.
4. Frühlingszwiebeln waschen und in Scheiben schneiden.
5. Restliches Öl in einer Pfanne erhitzen und Feta je Seite 2 Minuten braten.
6. Tomaten auf die Teller legen. Joghurtmischung darübergeben.
7. Frühlingszwiebeln darauf streuen und Feta danebenlegen.

Spargel Erdbeeren Salat

Zubereitungszeit: 35 Minuten
Portionen: 4
Zutaten:

- 200 g Erdbeeren
- 1 kg Spargel, grün
- 1 Bund Basilikum
- 1 TL Salz
- 1 Schalotte
- 8 EL Balsamico Essig
- 2 EL Olivenöl
- Pfeffer

Zubereitung:

1. Enden am Spargel abschneiden. Spargel in einem Topf mit Salzwasser 2 Minuten kochen. Aus dem Topf nehmen mit kaltem Wasser abspülen und in Stücke schneiden.
2. Das Grün an den Erdbeeren abschneiden, Erdbeeren waschen und in Viertel schneiden.
3. Schalotte schälen und in Würfel schneiden.
4. Basilikum waschen und klein schneiden. Mit Essig, Salz, Pfeffer, Öl, Basilikum und Erdbeeren mischen.
5. Spargel auf Teller geben und Erdbeermischung darauf geben.

Radieschen Krabben Salat

Zubereitungszeit: 25 Minuten
Portionen: 4
Zutaten:

- 350 g Nordseekrabben
- 1 Zitrone
- 1 EL Weinbrand
- ½ Bund Radieschen
- 2 EL Tomatenketchup
- 2 EL Mayonnaise
- ½ Salatgurke
- Salz

Zubereitung:

1. Zitrone halb schneiden und Saft aus einer Hälfte auspressen. Die andere Zitrone in Spalten schneiden.
2. Krabben mit Wasser abspülen und abtropfen lassen. Mit Zitronensaft mischen und 10 Minuten ziehen lassen.
3. Weinbrand, Ketchup und Mayonnaise mischen.
4. Radieschen waschen und in Würfel schneiden.
5. Gurke schälen und in Würfel schneiden. Mit Radieschen mischen.
6. Krabben mit der Hälfte der Ketchupsoße mischen und in Gläser anrichten. Gurken und Radieschen darauf geben. Restliche Soße darauf verteilen und Zitronenspalten danebenlegen.

Feldsalat mit Burrata und Trauben

Zubereitungszeit: 30 Minuten
Portionen: 2

Zutaten:

- 75 g Feldsalat
- 1 EL Weißweinessig
- 100 g Trauben, rot
- 2 Burrata
- 1 EL Olivenöl
- 1 EL Rapsöl
- 1 TL Zucker, braun
- Salz
- Pfeffer

Zubereitung:

1. Feldsalat waschen.
2. Trauben mit Zucker und 1 EL Rapsöl mischen. In eine Pfanne geben und 3 Minuten anbraten. Essig, Olivenöl, restliches Rapsöl, Salz und Pfeffer dazugeben. Trauben aus der Pfanne nehmen und mit dem Feldsalat mischen.
3. Salat auf Teller verteilen.
4. Burrata darauf legen.

Blumenkohlsalat mit Mais

Zubereitungszeit: 20 Minuten
Portionen: 2

Zutaten:

- 1 Blumenkohl
- 1 TL Senf
- 1 Dose Mais, 280 g
- 4 Frühlingszwiebeln
- 4 EL Mayonnaise
- 1 Salatgurke
- 1 Paprikaschote, rot
- Salz
- Pfeffer

Zubereitung:

1. Blumenkohl in kleine Rösschen schneiden.
2. Frühlingszwiebeln waschen und in Ringe schneiden.
3. Gurke schälen und in Würfel schneiden.
4. Paprika halb schneiden, Kerne und Trennwände entfernen und in Würfel schneiden.
5. Senf, Mayonnaise, Pfeffer und Salz mischen.
6. Alle Zutaten zusammenmischen.

Brotsalat mit Käse und Gurken

Zubereitungszeit: 30 Minuten
Portionen: 4
Zutaten:

- 500 g Bauernbrot
- 1 Zwiebel, rot
- 1 Glas Essiggurken
- 2 ½ EL Olivenöl
- 1 Dose Kidneybohnen
- 1 Knoblauchzehe
- 250 g Kirschtomaten
- 150 g Gouda, am Stück
- Salz
- Pfeffer

Zubereitung:

1. Bohnen abschütten.
2. Brot in Würfel schneiden.
3. Knoblauch schälen und fein hacken.
4. Olivenöl in einer Pfanne erhitzen. Brot und Knoblauch hineingeben und 5 Minuten unter Wenden rösten.
5. Gurken abschütten und 1 EL Gurkenwasser auffangen. Gurken in Scheiben schneiden.
6. Zwiebel schälen und in Würfel schneiden.
7. Gouda in Würfel schneiden.
8. Gurkenwasser, Olivenöl, Salz und Pfeffer mischen.
9. Alle Zutaten zusammenmischen.

Avocadosalat mit Garnelenspieß

Zubereitungszeit: 30 Minuten
Portionen: 4
Zutaten:

- 300 g Fleischtomaten
- 12 Garnelen, küchenfertig ohne Schale und ohne Darm
- 100 g Feta
- 2 Avocados
- 6 EL Olivenöl
- 10 Oliven, schwarz ohne Stein
- 4 EL Zitronensaft
- 8 Cocktailtomaten
- 1 TL Honig
- Salz
- Pfeffer

Zubereitung:

1. Fleischtomaten waschen und in Spalten schneiden.
2. Feta in Würfel schneiden.
3. Salz, Pfeffer, Zitronensaft, Honig und 4 EL Olivenöl zu einem Dressing mischen.
4. Avocados halb schneiden, Kern entfernen schälen und in Streifen schneiden.
5. Garnelen waschen und abtupfen.
6. Abwechselnd 3 Garnelen und 2 Cocktailtomaten auf je einen Spieß stecken.
7. In einer Pfanne 2 EL Olivenöl erhitzen. Garnelenspieße darin von beiden Seiten je 3 Minuten braten.
8. Dressing, Fleischtomaten, Feta und Oliven mischen. Avocados darauf geben und Garnelenspieß zum Salat servieren.

Gurkensalat mit saurer Sahne

Zubereitungszeit: 20 Minuten
Portionen: 4
Zutaten:

- 2 Salatgurken
- 1 TL Senf
- 200 g saure Sahne
- 2 EL Essig
- 1 TL Zitronensaft
- 4 EL Olivenöl
- Salz
- Pfeffer

Zubereitung:

1. Gurken schälen und in Scheiben schneiden.
2. Essig, Salz, Pfeffer und Olivenöl mischen. Dann die saure Sahne und Zitronensaft untermischen.
3. Alle Zutaten miteinander mischen.

Rindfleisch Salat mit Kürbiskernöl

Zubereitungszeit: 25 Minuten
Portionen: 4

Zutaten:

- 1 Zwiebel, rot
- 400 g Rindfleisch, gekocht
- ½ Bund Schnittlauch
- ½ Salatgurke
- 4 Scheiben Brot
- 3 EL Kürbiskernöl
- 1 EL Essig
- Salz
- Pfeffer

Zubereitung:

1. Schnittlauch waschen und in Röllchen schneiden.
2. Rindfleisch in dünne Streifen schneiden.
3. Zwiebel schälen und in Ringe schneiden.
4. Gurke schälen und in Scheiben schneiden.
5. Kürbiskernöl, Essig, Salz und Pfeffer mischen. Fleisch, Gurken und Zwiebeln dazugeben.
6. Salat auf Teller geben, Schnittlauch darüber streuen und Brot dazu servieren.

Weißwurstsalat

Zubereitungszeit: 30 Minuten
Portionen: 4
Zutaten:

- 6 Weißwürste
- 2 Laugenbrezeln
- 2 EL Senf, süß
- 3 EL Wasser
- 2 Zwiebeln, rot
- 3 EL Weißweinessig
- 1 Bund Petersilie
- 2 EL Butter
- 6 EL Öl
- Salz
- Pfeffer

Zubereitung:

1. Brezeln in Scheiben schneiden.
2. Weißwürste in heißes Wasser, das nicht mehr kocht, geben und 12 Minuten ziehen lassen. Aus dem Topf nehmen, die Haut abziehen und in Scheiben schneiden.
3. In einer Pfanne 1 EL Öl und Butter erhitzen. Brezeln darin 4 Minuten unter Wenden braten.
4. Petersilie waschen und fein schneiden.
5. Zwiebeln schälen, halb schneiden und in Scheiben schneiden.
6. Restliches Öl, Weißweinessig, Senf, 3 EL Wasser, Salz und Pfeffer mischen.
7. Alle Zutaten zusammenmischen.

Wassermelone Feta Salat

Zubereitungszeit: 20 Minuten
Portionen: 4

Zutaten:

- ½ Wassermelone
- Saft einer Zitrone
- 1 EL Olivenöl
- 1 Salatgurke
- 2 EL Agavendicksaft
- 200 g Feta
- Meersalz
- Pfeffer

Zubereitung:

1. Melone halb schneiden, Kerne entfernen, schälen und in Würfel schneiden.
2. Feta in Würfel schneiden.
3. Gurke schälen und in Scheiben schneiden.
4. Agavendicksaft, Olivenöl, Meersalz, Zitronensaft und Pfeffer mischen. Dann alle anderen Zutaten untermischen.

Chinakohl Apfel Salat mit Walnüssen

Zubereitungszeit: 25 Minuten
Portionen: 4

Zutaten:

- 2 Äpfel, rot
- 350 g Chinakohl
- 75 g Walnusskerne
- 1 EL Zucker
- 2 EL Zitronensaft
- 150 ml Sahne
- Salz
- Pfeffer

Zubereitung:

1. Apfel in Viertel schneiden, Kerngehäuse herausschneiden, schälen und in Spalten schneiden.
2. Walnüsse grob hacken.
3. Kohl waschen und in Streifen schneiden.
4. Zucker, Pfeffer, Zitronensaft, Sahne und Pfeffer mischen. Kohl und Äpfel dazugeben und mit Walnüssen bestreuen.

Fleischgerichte

Rindercarpaccio

Zubereitungszeit: 35 Minuten
Portionen: 1

Zutaten:

- 100 g Rinderlungenbraten
- 1 TL Dijonsenf
- 2 EL Olivenöl
- 1 EL Parmesan, gehobelt
- 2 Blatt Rucola
- 1 Spritzer Zitronensaft
- 1 Prise Pfeffer
- 1 EL Mayonnaise
- Salz

Zubereitung:

1. Mayonnaise und 1 EL Senf mischen.
2. Fleisch fest in Klarsichtfolie einwickeln und 20 Minuten in das Tiefkühlfach der Gefriertruhe legen. Danach mit einem scharfen Messer oder einer Aufschnittmaschine in feine Scheiben schneiden.
3. Fleisch nebeneinander auf einen Teller legen, sodass sich die Enden etwas überlappen.
4. Dann mit Senfsoße bestreichen. Rucola, Parmesan, Zitronensaft, Salz und Pfeffer darüber geben.

Klassischer Hamburger

Zubereitungszeit: 40 Minuten
Portionen: 2

Zutaten:

- 250 g Rinderhackfleisch
- 2 Hamburgerbrötchen
- 2 Blatt Eisbergsalat
- 1 Zwiebel
- 2 Scheiben Käse
- 1 EL Sonnenblumenöl
- 2 Tomatenscheiben
- 1 Essiggurke
- 1 Zwiebel
- 2 EL Ketchup
- 1 TL Chilisoße
- 1 TL Senf
- Salz
- Pfeffer

Zubereitung:

1. Aus dem Hackfleisch 2 Burger formen. Diese in einer Pfanne mit Öl je Seite 8 Minuten braten.
2. Burgerbrötchen aufschneiden und in einem Ofen anrösten.
3. Zwiebeln schälen und in Ringe schneiden.
4. Essiggurke in Streifen schneiden.
5. Chilisoße, Ketchup, Senf, Salz und Pfeffer mischen.
6. Untere Hälfte des Burgers mit etwas Soße bestreichen.
7. Zwiebeln, Fleisch und Käse darauf geben. Tomaten, Salat, Essiggurke und Soße darauf legen und mit der zweiten Brötchenhälfte abdecken.

Bagel mit Speck

Zubereitungszeit: 10 Minuten
Portionen: 1

Zutaten:

- 3 Scheiben Frühstücksspeck
- 1 Blatt Salat
- 1 Tomate
- 1 Sesambagel
- Salz
- Pfeffer

Zubereitung:

1. Speck in einer Pfanne ohne Öl so lange braten, bis er knusprig ist.
2. Tomate waschen und in Scheiben schneiden.
3. Salat waschen.
4. Bagel aufschneiden und mit dem Speck, Tomaten und Salat belegen. Etwas salzen und pfeffern, Deckel auflegen und servieren.

Stücke vom Backhendl mit Zitrone

Zubereitungszeit: 30 Minuten
Portionen: 4
Zutaten:

- 3 Eier
- 2 kg Hühnerbrustfilets
- 2 Zitronen
- 2 EL Salz
- 150 g Semmelbrösel
- 1 Handvoll Petersilie, gehackt
- 2 Zitronen
- 150 g Mehl
- 500 ml Öl

Zubereitung:

1. Hühnerbrustfilets in kleine Stücke schneiden.
2. Mehl in einen Teller geben. Eier verquirlen und in einen Teller geben und Semmelbrösel in einen dritten Teller geben. Die Hähnchen nacheinander in diesen Zutaten wenden.
3. Öl in einer Pfanne oder einem Topf erhitzen und die Hühnerteile darin ausbacken, bis sie goldgelb sind. Küchenkrepp auf einen Teller legen und Hühnchenteile darauf ablegen, damit das Fett abtropfen kann.
4. Zitrone in Viertel schneiden und zusammen mit dem Hähnchen servieren.
5. Hierzu kann man auch gut einen Dip servieren.

Spargel mit Rauchfleisch

Zubereitungszeit: 1 Stunde und 20 Minuten
Portionen: 4
Zutaten:

- 1,5 kg Spargel, grün
- 30 g Tomaten, getrocknet ohne Öl
- 30 g Walnusskerne
- 6 EL Aceto balsamico Essig
- 6 Stiele Basilikum
- 120 g Rauchfleisch
- Salz
- Pfeffer

Zubereitung:

1. Beim Spargel das untere Drittel schälen. Der grüne Spargel ist so fein, dass der restliche Teil nicht geschält werden muss. Den Spargel zu 4 Bündeln zusammenbinden. Dann in kochendem Salzwasser, abgedeckt für 6 Minuten garen. Spargel aus dem Topf nehmen, mit kaltem Wasser abschrecken und zur Seite stellen.
2. Öl, Essig, 4 EL Wasser, Salz und Pfeffer mischen. Tomaten in Streifen schneiden und unter die Soße geben. Basilikum waschen, fein hacken und dazu mischen.
3. Je ein Spargelbündel öffnen und auf einen Teller legen. Soße darüber geben. Spargel 30 Minuten durchziehen lassen.
4. Rauchfleisch in Scheiben schneiden.
5. Walnüsse hacken.
6. Rauchfleisch neben dem Spargel anrichten und Nüsse darüberstreuen.

Corn Dogs nach amerikanischer Art

Zubereitungszeit: 25 Minuten
Portionen: 4
Zutaten:

- 4 Frankfurter Würstchen
- 2 Eier
- 1 TL Cayenne Pfeffer
- 200 ml Milch
- 1 TL Salz
- ½ Packung Backpulver
- 100 g Maismehl
- 50 ml Öl
- 1 EL Zucker
- 500 ml Öl zum Ausbacken
- Holzspieße

Zubereitung:

1. Alle Zutaten außer Würstchen, Mehl, Spießen und Öl zum Ausbacken mischen.
2. Würstchen auf je einen Spieß der Länge nach stecken. Im Mehl wenden und dann im Teig drehen.
3. Öl zum Ausbacken erhitzen und Würstchenspieße sofort hineingeben, wenn das Fett heiß ist. 3 Minuten lang backen, bis sie goldbraun sind.

Blätterteig Schinken Taschen

Zubereitungszeit: 30 Minuten
Portionen: 16 Taschen

Zutaten:

- 200 g Schinken
- 200 g Sauerrahm
- 1 Packung Blätterteig
- 1 Ei
- Salz

Zubereitung:

1. Schinken in Würfel schneiden und mit dem Sauerrahm und Salz mischen.
2. Blätterteig ausrollen und 16 Quadrate schneiden. Ränder mit Ei bestreichen.
3. Schinkenmischung in die Mitte der Quadrate geben, Teig zusammenschlagen und zudrücken.
4. Backblech mit Backpapier belegen und Taschen darauf setzen. Mit Ei bestreichen und im Ofen 20 Minuten bei 180 Grad backen.

Schinkenröllchen mit Kräutercreme

Zubereitungszeit: 20 Minuten
Portionen: 4

Zutaten:

- 1 Bund Schnittlauch
- 400 g Kochschinken
- 400 g Quark
- 2 TL Senf
- 1 EL Mayonnaise
- 2 Eier
- Salz
- Pfeffer

Zubereitung:

1. Eier in einem Topf mit heißem Wasser 8 Minuten kochen. Dann aus dem Topf nehmen, mit kaltem Wasser abspülen und schälen.
2. Schnittlauch waschen und in Röllchen schneiden.
3. Eier klein schneiden. Mit Quark, Schnittlauch, Salz, Pfeffer, Mayonnaise und Senf mischen.
4. Schinken auf einem Brett auslegen. Mit der Creme bestreichen und zusammenrollen.

Schweinebauch mit Honig Soja Marinade

Zubereitungszeit: 40 Minuten
Portionen: 2
Zutaten:

- 4 Scheiben Schweinebauch
- 2 EL Sherry, trocken
- 1 TL Ingwer, frisch gerieben
- 400 g Möhren
- 1 EL Honig
- 2 EL Salz
- 1 EL Zucker, braun
- 1 Knoblauchzehe
- 1 TL 5 Gewürze Pulver, aus dem Asialaden
- 1 Prise Pfeffer, frisch gemahlen
- Etwas Öl
- 3 EL Sojasauce

Zubereitung:

1. Knoblauch schälen und fein würfeln.
2. Honig, Sojasauce, 5 Gewürze Pulver, Sherry, Knoblauch und Pfeffer mischen.
3. Fleisch abwaschen und abtupfen. Dann in eine verschließbare Schüssel geben und die Marinade mit dem Honig darauf verteilen. Schüssel verschließen und Inhalt 10 Minuten ziehen lassen.
4. Möhren schälen und in feine Stifte schneiden.
5. Alufolie auf ein Backpapier legen. Es sollte kein Backpapier sein!
6. Fleisch aus der Schüssel nehmen und auf die Alufolie legen. Dann die Grillfunktion des Backofens anschalten und das Fleisch für 8 Minuten auf der zweiten Schiene braten.
7. In einer Pfanne etwas Öl erhitzen. Die Möhren darin anbraten, salzen, pfeffern und 8 Minuten garen lassen. Zusammen mit dem Fleisch servieren.

Rindergulasch in Sahnesoße mit Tomaten

Zubereitungszeit: 2 Stunden und 30 Minuten
Portionen: 4
Zutaten:

- 1 kg Rinderfleisch, aus der Keule
- 150 g Speck, durchwachsen und geräuchert
- 4 Zwiebeln
- 2 EL Mehl
- 2 Knoblauchzehen
- 1 Dose Tomaten, 425 ml
- 3 EL Butterschmalz
- 300 g Möhren
- 2 Lorbeerblätter
- 400 g Lauch
- 100 ml Sahne
- Salz
- Pfeffer

Zubereitung:

1. Knoblauch und Zwiebeln schälen und in Würfel schneiden.
2. Möhren schälen und in Würfel schneiden.
3. Lauch waschen und in Ringe schneiden.
4. Fleisch abtupfen und in große Würfel schneiden.
5. In einem Topf Butterschmalz erhitzen. Fleisch in den Topf geben und von allen Seiten gut anbraten. Dann salzen und pfeffern. Fleisch aus dem Topf nehmen. Speck und Zwiebeln in dem Topf für 5 Minuten anbraten und aus dem Topf nehmen.
6. Lauch und Möhren in den Topf geben. 2 Minuten braten, dann Mehl darüber geben. Tomaten in den Topf geben und alles 10 Minuten bei geringer Hitze köcheln lassen.
7. 1 Liter Wasser in den Topf geben. Lorbeer, Salz, Fleisch, Zwiebeln und Speck in den Topf geben. Topf verschließen und das Gulasch für 2 Stunden bei geringer Hitze köcheln lassen.
8. Vor dem Servieren die Sahne untermischen.

Koteletts mit Schmortomaten

Zubereitungszeit: 2 Stunden
Portionen: 4

Zutaten:

- 4 Schweinekoteletts, je 350 g
- 1,2 kg Fleischtomaten
- 8 EL Olivenöl
- 1 kg Kartoffeln
- ½ Bund Thymian
- Salz
- Pfeffer

Zubereitung:

1. Ofen auf 180 Grad vorheizen.
2. Thymian waschen und fein hacken.
3. Kartoffeln schälen und in große würfel schneiden.
4. Tomaten waschen und in Viertel schneiden.
5. Kartoffeln, Tomaten, Thymian, 5 EL Öl, Salz und Pfeffer mischen.
6. Koteletts mit Salz und Pfeffer würzen. Dann in einer Pfanne mit 3 EL Olivenöl von jeder Seite anbraten.
7. Fleisch in eine Auflaufform legen. Dann die Mischung mit den Kartoffeln darüber geben.
8. Fleisch für 90 Minuten im Ofen garen lassen.

Rumpsteak mit Rote Beete Salat und Röstzwiebelbutter

Zubereitungszeit: 30 Minuten
Portionen: 4
Zutaten:

- 4 Rumpsteaks, je 200 g
- 5 EL Rotweinessig
- 8 EL Öl
- 200 g Babymixsalat
- 100 g Parmesan, gehobelt
- 2 EL Röstzwiebeln
- 60 g Butter, weich
- 500 g Rote Bete, im Vakuumbeutel vorgegart
- Salz
- Pfeffer

Zubereitung:

1. Rote Beete in Scheiben schneiden. Dabei trägt man am besten Handschuhe, weil die Rote Beete auf die Haut abfärbt.
2. Salat waschen und abtropfen lassen.
3. Röstzwiebeln und Butter mischen. Etwas Salz dazugeben.
4. Steaks abtupfen. Den Fettrand mit einem scharfen Messer mehrmals einschneiden. Steaks in einer Pfanne mit Öl von jeder Seite 1 Minute braten.
5. Salat mit Roter Beete, Öl, Parmesan, Salz und Pfeffer mischen. Diesen zum Fleisch servieren.

Hühner Gemüse Spieße

Zubereitungszeit: 30 Minuten
Portionen: 6

Zutaten:

- 14 Champignons
- 650 g Hähnchenbrustfilet
- 2 Zucchini
- 1 Paprikaschote, rot
- 1 Paprikaschote, gelb
- 1 EL Öl
- Salz
- Pfeffer

Zubereitung:

1. Hähnchenfleisch in große Würfel schneiden.
2. Paprikaschoten halb schneiden, die Kerne und Trennwände entfernen, waschen und in große Würfel schneiden.
3. Zucchini in Scheiben schneiden.
4. Nun alles abwechselnd auf Spieße stecken.
5. Spieße mit etwas Öl in eine Pfanne geben und 3 Minuten braten. Mit Öl bestreichen, abdecken und weitere 3 Minuten braten.

Schinken Wraps

Zubereitungszeit: 15 Minuten
Portionen: 2
Zutaten:

- 4 Wraps
- 4 Scheiben Schinken
- 3 EL Frischkäse
- 4 Blatt Salat
- 2 EL Käse, gerieben
- 1 Tomate

Zubereitung:

1. Tomate waschen und in Scheiben schneiden.
2. Salat waschen.
3. Wrap mit Frischkäse bestreichen. Salat, Schinken, Tomaten und Käse darauf legen. Wraps dann einrollen.

Wiener Schnitzel

Zubereitungszeit: 45 Minuten
Portionen: 1
Zutaten:

- 4 Kalbschnitzel
- 2 Eier
- 750 g Butterschmalz
- 100 g Mehl
- 1 Prise Salz
- 150 g Semmelbrösel
- 1 EL Milch

Zubereitung:

1. Schnitzel in Klarsichtfolie legen und dann flach klopfen. Durch die Folie wird die Fleischstruktur nicht beschädigt.
2. Semmelbrösel und Mehl je auf einen Teller geben.
3. Eier und Milch mischen und auf einen Teller geben.
4. Schnitzel nacheinander in dem Mehl, den Eiern und den Semmelbröseln wenden. Danach in einer Pfanne mit dem erhitzen Butterschmalz von beiden Seiten backen.

Roastbeef

Zubereitungszeit: 1 Stunde und 25 Minuten
Portionen: 6
Zutaten:

- 2 kg Roastbeef
- 1 Prise Salz
- 1 Prise Pfeffer
- 2 EL Butterschmalz

Zubereitung:

1. Ofen auf 200 Grad vorheizen.
2. Bei dem Fleisch die Oberseite ganz vorsichtig in beide Richtungen diagonal einschneiden, sodass man ein Rautenmuster erkennen kann. Dabei nicht in das Fleisch, sondern nur in die Fettschicht schneiden.
3. Butterschmalz in einem Topf erhitzen und das Fleisch von allen Seiten anbraten. Fleisch aus dem Topf nehmen, salzen und pfeffern.
4. Fleisch in eine Auflaufform geben und dann bei 160 Grad für 1 Stunde garen. Fleisch aus dem Ofen nehmen und in dünne Scheiben schneiden.

Straußensteak

Zubereitungszeit: 30 Minuten
Portionen: 1
Zutaten:

- 1 Straußensteak
- 1 EL Öl
- Salz
- Pfeffer

Zubereitung:

1. Ofen auf 175 Grad vorheizen.
2. Straußensteak mit Salz und Pfeffer bestreuen. Dann in einer Pfanne mit Öl je Seite 3 Minuten braten.
   Steak auf der Pfanne nehmen und in einer Auflaufform im Ofen 15 Minuten weitergaren.

Boeff Stroganoff

Zubereitungszeit: 45 Minuten
Portionen: 4
Zutaten:

- 700 g Rinderbraten
- 200 ml Rinderfond
- 150 g Champignons
- 100 g Sauerrahm
- 3 EL Öl
- 100 g Zwiebeln
- 1 TL Mehl
- 100 g Essiggurken
- 1 Prise Paprikapulver, edelsüß
- 1 Prise Salz
- 1 Prise Pfeffer

Zubereitung:

1. Braten in Streifen von 1 cm schneiden.
2. Champignons in Scheiben schneiden.
3. Zwiebeln schälen und fein hacken.
4. Gurken in Streifen schneiden.
5. Fleisch von allen Seiten salzen und pfeffern.
6. Öl in einer großen Pfanne erhitzen und Fleisch darin für 2 Minuten unter Wenden von allen Seiten anbraten. Fleisch aus der Pfanne nehmen.
7. Zwiebeln und Pilze in der Pfanne für 3 Minuten braten. Rinderfond dazugießen.
8. Mehl, Sauerrahm und Paprikapulver mischen. In die Soße geben und gut einrühren. Gurken und Fleisch in die Soße geben, kurz erwärmen und servieren.

Lammkoteletts mit Chili

Zubereitungszeit: 45 Minuten
Portionen: 4

Zutaten:

- 2 Knoblauchzehen
- 4 Lammkoteletts
- 1 Zwiebel
- 4 Tomaten, getrocknet und in Öl eingelegt
- 2 EL Honig
- 2 Chilischoten
- Pfeffer
- Salz

Zubereitung:

1. Zwiebel und Knoblauch schälen und in Würfel schneiden.
2. Chili waschen und klein schneiden.
3. Tomaten abtropfen lassen und in Stücke schneiden. 2 EL des Tomatenöles zur Seite stellen.
4. Honig, Chili, Pfeffer, Salz, Knoblauch, Tomatenöl und Tomaten mischen. Lamm hineinlegen und 10 Minuten ziehen lassen.
5. Öl in einer Pfanne erhitzen. Das Lamm je Seite 3 Minuten braten. Die Tomatenchilimischung kurz in der Pfanne erhitzen und beim Servieren über das Lamm geben.

Gefüllte Hähnchenbrust

Zubereitungszeit: 45 Minuten
Portionen: 1
Zutaten:

- 8 Scheiben Kochschinken
- 4 Hähnchenbrustfilets, je 200 g
- 2 EL Petersilie, frisch gehackt
- 8 Cherrytomaten
- 60 g Schafskäse

Zubereitung:

1. Hähnchen waschen und trocken tupfen. Dann mit einem Messer so einschneiden, dass sich eine Tasche bildet. Das Hähnchen nicht durchschneiden.
2. Backofen auf 160 Grad vorheizen.
3. Käse klein hacken, Tomaten waschen und in Viertel schneiden und mit dem Käse mischen. Dann die Kräuter dazugeben und damit die Hähnchenbrüste befüllen.
4. Je 2 Scheiben Schinken um jede Hähnchenbrust wickeln und diese dann im Ofen bei 160 Grad für 12 Minuten garen.

Hühnerflügel mit Ahornsirup

Zubereitungszeit: 2 Stunden und 30 Minuten
Portionen: 4

Zutaten:

- 20 Hähnchenflügel
- 6 EL Öl
- ½ TL Senf
- 4 EL Sojasauce
- 3 EL Ahornsirup
- 4 EL Ketchup
- 1 TL Chilipulver
- Salz
- Pfeffer

Zubereitung:

1. Hähnchen waschen, abtupfen und etwas auseinanderziehen. Dann auf Spieße stecken.
2. Senf, Sojasauce, Öl, Ketchup und Chili mischen. Hähnchen in die Marinade legen, abdecken und im Kühlschrank 2 Stunden ziehen lassen.
3. Hähnchen aus der Marinade nehmen, und in einer Pfanne oder auf dem Grill unter Wenden 10 Minuten garen. Vor dem Servieren Ahornsirup darüber geben.

Filet Mignon

Zubereitungszeit: 20 Minuten
Portionen: 2

Zutaten:

- 2 Stück Filet Mignon
- 1 EL Öl
- Salz
- Pfeffer

Zubereitung:

1. Filets abtupfen.
2. Öl in einer Pfanne erhitzen.
3. Filet mit Pfeffer würzen und salzen. Dann bei mittlerer Temperatur in der Pfanne anbraten. Fleisch unter Wenden insgesamt nur 5 Minuten braten.
4. Dazu passen Salate, Kartoffeln oder Gemüse.

Cevapcici

Zubereitungszeit: 1 Stunde und 30 Minuten
Portionen: 4
Zutaten:

- 2 EL Sahne
- 500 g Hackfleisch, gemischt
- 1 EL Paprikapulver, edelsüß
- ½ EL Paprikapulver, geräuchert
- 1 Zwiebel
- 1 Knoblauchzehe
- 2 EL Petersilie, gehackt
- 1 EL Olivenöl
- Salz
- Pfeffer

Zubereitung:

1. Knoblauch und Zwiebel schälen und in Würfel schneiden.
2. Hackfleisch in eine Schüssel geben und nacheinander alle Zutaten bis auf das Öl dazugeben und gut mischen.
3. Aus der Masse kleine Fleischrollen formen und diese 1 Stunde im Kühlschrank durchziehen lassen.
4. Cevapcici in einer Pfanne mit Öl von allen Seiten bei mittlerer Hitze unter Wenden 8 Minuten ausbacken.

Rib Eye Steak

Zubereitungszeit: 30 Minuten
Portionen: 4

Zutaten:

- 4 Rib Eye Steaks, je 250 g
- 2 Rosmarinzweige
- 2 Knoblauchzehen
- 2 Thymianzweige
- 2 EL Olivenöl
- 50 g Butter
- Salz
- Pfeffer

Zubereitung:

1. Steaks von jeder Seite salzen.
2. Öl in einer Pfanne erhitzen und die Steaks darin braten, bis an der Oberfläche der Fleischsaft austritt.
3. Steaks wenden. Von der anderen Seite auf die gleiche Weise braten.
4. Backofen auf 180 Grad vorheizen.
5. Steaks aus der Pfanne nehmen und zur Seite stellen.
6. Öl aus der Pfanne gießen. Butter in der Pfanne schmelzen.
7. Knoblauch schälen, in Scheiben schneiden und mit Rosmarin und Thymian in der Pfanne braten.
8. Steaks mit der gewürzten Butter beträufeln. Dann Steaks 5 Minuten in den Ofen stellen. Vor dem Servieren pfeffern.
9. Zu diesen Steaks passt Kräuterbutter oder auch eine Ofenkartoffel.

Blutwurst mit Apfel und Kartoffel Stampf

Zubereitungszeit: 45 Minuten
Portionen: 4

Zutaten:

- 600 g Blutwurst, im Naturdarm
- 2 EL Butter
- 1 kg Kartoffeln
- 5 Stiele Majoran
- 3 Zwiebeln
- 1 TL Muskat
- 4 Äpfel, klein
- 300 ml Milch
- 2 EL Öl
- Salz

Zubereitung:

1. Kartoffeln schälen und in grobe Würfel schneiden.
2. Salzwasser in einem Topf erhitzen, Kartoffeln hineingeben und 20 Minuten kochen lassen.
3. Majoran waschen, Blätter von den Stielen zupfen und fein hacken.
4. Zwiebeln schälen, halb schneiden, und in Streifen schneiden.
5. Kerngehäuse mit einem Kernausstecher aus den Äpfeln stechen. Äpfel schälen und Ringe schneiden.
6. Äpfel in einer Pfanne mit Öl für 4 Minuten braten. Dann herausnehmen. Wurst in Scheiben schneiden und in der Pfanne 2 Minuten je Seite braten. Aus der Pfanne nehmen und warmhalten.
7. Zwiebeln in der Pfanne 2 Minuten lang braten und herausnehmen.
8. Kartoffeln abschütten. Dann mit Butter, Majoran, Milch und Muskat mischen und klein stampfen.
9. Kartoffelstampf auf einem Teller anrichten. Blutwurst und Äpfel wie einen Turm abwechselnd stapeln und Zwiebeln darüber geben.

T- Bone Steak mit selbst gemachten Pommes frites

Zubereitungszeit: 3 Stunden
Portionen: 4

Zutaten:

- 2 T- Bone Steaks, je 600 g
- 3 Knoblauchzehen
- 1 Flasche Bier, 0,33 l
- 1 kg Kartoffeln
- 150 ml Austernsoße
- 1 Liter Öl zum Frittieren
- Salz
- Pfeffer

Zubereitung:

1. Knoblauch schälen und würfeln. Mit 1 TL Pfeffer, Austernsoße und Bier mischen.
2. Steaks abtupfen und in die Marinade mit dem Knoblauch legen. 2 Stunden zugedeckt ziehen lassen.
3. Kartoffeln schälen und in Pommes schneiden. Abtupfen und in dem erhitzten Öl in einem Topf garen. 2 Minuten lang vorfrittieren und herausnehmen.
4. Ofen auf 150 Grad vorheizen.
5. Steaks in einer Pfanne mit Öl von jeder Seite 1 Minute braten.
6. Steak salzen und pfeffern, aus der Pfanne nehmen und auf ein Backblech legen. Steaks im Ofen 12 Minuten weitergaren.
7. Pommes wieder in den Topf geben und 3 Minuten fertig frittieren. Salzen und zu den Steaks servieren.

Hackbraten

Zubereitungszeit: 1 Stunde und 20 Minuten
Portionen: 2
Zutaten:

- 400 g Hackfleisch, gemischt
- 3 Knoblauchzehen
- 2 Eier
- 2 EL Majoran
- 1 Zwiebel
- 1 Brötchen
- 2 EL Paniermehl
- Pfeffer
- Salz

Zubereitung:

1. Brötchen mit wenig Wasser mischen und einweichen lassen. Nach 3 Minuten ausdrücken.
2. Knoblauch und Zwiebel schälen und fein hacken.
3. Alle Zutaten zusammenmischen und dabei auch das Brötchen dazugeben. Hackteig gut kneten und zu einem Braten formen.
4. Backofen auf 170 Grad erhitzen. Hackbraten auf ein Blech legen und 1 Stunde backen.
5. Dazu passen Kartoffeln.

Schweinemedallions

Zubereitungszeit: 15 Minuten
Portionen: 2
Zutaten:

- 1 EL Butter
- 500 g Schweinefilet
- 2 EL Öl

Zubereitung:

1. Filet abwaschen und trocken tupfen. Dann in Scheiben schneiden. Stücke etwas flach klopfen.
2. Öl und Butter in einer Pfanne erhitzen. Medaillons je Seite 2 Minuten anbraten.
3. Dazu passen Nudeln sehr gut.

Chili con Carne

Zubereitungszeit: 50 Minuten
Portionen: 4
Zutaten:

- 1 Dose Mais
- 500 g Hackfleisch, vom Rind
- 2 Paprikaschoten, rot
- 1 Dose Kidneybohnen
- 1 Chilischote
- 1 Dose Tomaten, geschält 425 ml
- 500 ml Rinderbrühe
- 1 Zwiebel
- 3 Knoblauchzehen
- 1 Zwiebel
- Salz
- Pfeffer

Zubereitung:

1. Knoblauch und Zwiebel schälen und fein hacken.
2. Chilischote fein schneiden.
3. Paprikaschoten halb schneiden, Kerne und Trennwände herausschneiden, waschen und in Würfel schneiden.
4. Kidneybohnen abschütten.
5. Öl in einem Topf erhitzen. Zwiebeln und Knoblauch hineingeben und anbraten. Fleisch mit dazugeben und unter Rühren 6 Minuten braten. Brühe dazugießen. Tomatenmark und Tomatenmark untermischen. 20 Minuten bei geringer Hitze köcheln.
6. Alle anderen Zutaten dazugeben, Topf abdecken und nochmals 20 Minuten köcheln lassen.

Piccata Milanese

Zubereitungszeit: 25 Minuten
Portionen: 4
Zutaten:

- 120 g Parmesan, gerieben
- 8 Kalbsschnitzel, je 80 g
- 250 ml Öl
- 4 Eier
- 100 g Mehl
- Salz
- Pfeffer

Zubereitung:

1. Eier in einen Teller geben und mit einer Gabel verquirlen. Parmesan dazumischen.
2. Mehl auf einen anderen Teller geben.
3. Schnitzel etwas flach klopfen. Mit Salz und Pfeffer würzen. In Mehl und danach in der Eimischung wenden.
4. Öl in einer Pfanne erhitzen und die Schnitzel darin schwimmend 3 Minuten ausbacken.
5. Dazu passen Spaghetti mit Tomatensoße.

Cordon bleu

Zubereitungszeit: 45 Minuten
Portionen: 4
Zutaten:

- 1 Ei
- 4 Kalbsschnitzel, je 160 g
- 80 g Mehl
- 8 Scheiben Emmentaler
- 8 Scheiben Kochschinken
- 80 g Paniermehl
- 250 ml Öl
- Salz

Zubereitung:

1. Schnitzel flach klopfen. Schinken und Käse auf eine Seite legen, Schnitzel zusammenklappen und mit Zahnstochern fixieren.
2. Ei in einem Teller mit einer Gabel verquirlen.
3. Mehl und Paniermehl je auf einen anderen Teller geben.
4. Öl in einer Pfanne erhitzen.
5. Schnitzel in Mehl, Ei und Paniermehl wenden. Dann im Öl unter Wenden 8 Minuten ausbacken.

Züricher Geschnetzeltes

Zubereitungszeit: 45 Minuten
Portionen: 4
Zutaten:

- 500 g Bandnudeln
- 2 EL Butter
- 400 g Kalbsfleisch
- 3 EL Rinderbrühe
- 1 Zwiebel
- 125 ml Sahne
- 200 g Champignons
- 150 ml Weißwein
- 1 EL Mehl
- Pfeffer
- Salz

Zubereitung:

1. Zwiebel schälen und würfeln.
2. Fleisch abtupfen und in Streifen schneiden.
3. Pilze in Scheiben schneiden.
4. In einer Pfanne Butter erhitzen. Fleisch darin unter Wenden 3 Minuten braten. Dann 3 EL Wasser und Rinderbrühe dazugeben. Pfanne vom Herd nehmen und zur Seite stellen.
5. Nudeln nach Anweisung garen.
6. Pilze und Zwiebeln mit in die Pfanne geben. Pfanne wieder leicht erhitzen. Wein, Mehl und Sahne unterrühren. Mit Salz und Pfeffer würzen. Dann zu den Nudeln servieren.

Nudeln mit Hackfleisch

Zubereitungszeit: 40 Minuten
Portionen: 1

Zutaten:

- 400 g Hörnchen Nudeln
- 600 g Hackfleisch, gemischt
- 3 EL Öl
- 1 TL Majoran
- 2 Knoblauchzehen
- 2 Zwiebeln
- Salz
- Pfeffer

Zubereitung:

1. Nudeln nach Anweisung garen.
2. Knoblauch und Zwiebeln schälen und in Würfel schneiden.
3. Öl in einer Pfanne erhitzen. Zwiebel und Knoblauch 2 Minuten anbraten. Dann Hackfleisch, Salz, Pfeffer und Majoran dazugeben und alles unterwenden 10 Minuten braten.
4. Nudeln abschütten, auf Teller servieren und Hackfleisch auf die Nudeln geben.

Rezepte mit Fisch & Meeresfrüchten

Spaghetti mit Lachs Sahne Soße

Zubereitungszeit: 30 Minuten
Portionen: 2

Zutaten:

- 1 Suppenwürfel
- 350 g Spaghetti
- 200 g Lachs, in Scheiben und geräuchert
- 1 Becher Sahne

Zubereitung:

1. Nudeln nach Anweisung garen.
2. Lachs in Stücke schneiden. Zusammen mit dem Suppenwürfel und der Sahne in einen Topf geben und kurz aufkochen. Dann mit den Nudeln servieren.

Gegrillter Karpfen

Zubereitungszeit: 45 Minuten
Portionen: 1

Zutaten:

- 1 Karpfen, 1,5 kg, küchenfertig und ausgenommen
- 1 EL Butter
- 1 Bund Petersilie
- 1 Zitrone, Bio
- 1 Bund Zitronenmelisse
- 1 Knoblauchzehe
- Salz
- Pfeffer
- Öl

Zubereitung:

1. Bauchhöhle des Karpfens gut auswaschen, salzen und pfeffern.
2. Petersilie und Zitronenmelisse waschen und etwas kleiner schneiden.
3. Knoblauch schälen und in Scheiben schneiden.
4. Zitrone in Scheiben schneiden.
5. Den Bauchraum des Karpfens mit Petersilie, Zitronenscheiben, Knoblauch und Zitronenmelisse füllen.
6. Die Außenhaut des Fisches mit einem Messer leicht einritzen, salzen und pfeffern.
   Den Fisch in Alufolie geben und auf dem Grill 20 Minuten garen.
   Alternativ kann man den Fisch auch im Backofen für 30 Minuten bei 160 Grad in Alufolie backen.

Gebackene Makrelen

Zubereitungszeit: 1 Stunde und 30 Minuten
Portionen: 4

Zutaten:

- 4 große Makrelen, küchenfertig und ausgenommen
- 1 Zitrone, Bio
- Holzspieße

Zubereitung:

1. Fisch waschen und abtupfen. Dann in jeden Fisch der Länge nach einem Spieß stecken.
2. Zitrone halb schneiden und Saft auspressen. Fisch damit einreiben, die Außenhaut etwas einritzen und 45 Minuten durchziehen lassen.
3. Fisch in Folie wickeln und in eine Auflaufform legen. Im Ofen für 25 Minuten bei 160 Grad backen.

Gebratene Forelle

Zubereitungszeit: 35 Minuten
Portionen: 4
Zutaten:

- 4 Forellen, ausgenommen und küchenfertig
- 4 Knoblauchzehen
- 2 Zwiebeln
- 1 Bund Petersilie
- 100 g Butter
- 100 ml Öl
- 60 g Mehl
- Salz
- Pfeffer

Zubereitung:

1. Backofen auf 200 Grad vorheizen.
2. Forelle waschen, dann von außen und innen mit Salz und Pfeffer einreiben und in dem Mehl wenden.
3. Butter und Öl in einer Pfanne erhitzen. Forellen darin je Seite 3 Minuten anbraten und wieder aus der Pfanne nehmen. Forellen in eine Auflaufform legen.
4. Petersilie waschen und fein hacken.
5. Zwiebeln und Knoblauch waschen und fein hacken. Mit Petersilie in der Pfanne anbraten. Alles aus der Pfanne nehmen.
6. Forellen im Ofen 10 Minuten garen. Dann mit der Knoblauchmischung übergießen.

Jakobsmuscheln mit Tomaten Vinaigrette

Zubereitungszeit: 45 Minuten
Portionen: 8

Zutaten:

- 16 Jakobsmuscheln, ohne Schale und frisch
- 1 Sternanis
- 1 Dose Tomaten, geschält 425 ml
- 6 Strauchtomaten
- ½ Blatt Gelatine, weiß
- 4 Stiele Estragon
- 6 EL Olivenöl
- 8 Scheiben Weißbrot
- Salz

Zubereitung:

1. Tomaten pürieren.
2. Muscheln unter fließendem Wasser abwaschen.
3. In einer Pfanne 2 EL Olivenöl erhitzen. Dann die Brotscheiben nacheinander bei mittlerer Hitze ausbacken, damit sie goldbraun werden. Zwischendurch wenden. Brot aus der Pfanne nehmen.
4. Tomaten waschen und halb schneiden. Dann das Brot damit einreiben.
5. Restliches Öl in der Pfanne erhitzen. 8 Muscheln darin bei mittlerer Hitze je Seite 2 Minuten braten. Restliche Muscheln in dünne Scheiben schneiden und auf 8 Teller verteilen.
6. Pürierte Tomaten kurz aufkochen und auf den rohen Muscheln auf den Tellern verteilen.
7. Restliche Muscheln auf Toastbrot legen und dieses dann zum Muschelcarpaccio servieren.

Gratinierte Austern

Zubereitungszeit: 30 Minuten
Portionen: 4

Zutaten:

- 8 frische Austern, bereits vom Fischhändler geöffnet und entnommen
- 2 Eigelb
- 100 g Butter
- 60 ml Weißwein
- Meersalz

Zubereitung:

1. In einem kleinen Topf die Butter erhitzen. Dann ein Küchentuch über ein Sieb legen und die Butter dadurch in eine Schüssel gießen. Die Butter in der Schüssel wird weiter verwendet.
2. Einen Topf mit Wasser erhitzen. Auf den Topf eine Metallschüssel stellen und das Eigelb mit dem Weißwein in der Schüssel rühren. Etwas Salz dazugeben und die Butter vorsichtig unterrühren. Soßenschüssel von dem Topf nehmen und warm stellen.
3. Austern mit Meersalz bedecken. Dann jeweils 1 EL der Soße auf die Austern geben und diese auf ein Backblech legen. Austern im Ofen für 3 Minuten bei 250 Grad gratinieren.

Lachsforelle mit Holunderblütenbeize

Zubereitungszeit: 24 Stunden Ruhezeit und 35 Minuten Arbeitszeit
Portionen: 2

Zutaten:

- 2 Lachsforellenfilets
- 4 EL Wodka
- 1 Stiel Zitronenmelisse
- 3 Stiele Dill
- 10 Stiele Kerbel
- 8 Wacholderbeeren
- 150 g Creme fraiche
- 6 Pfefferkörner, weiß
- 1 TL Senfsaat, gelb
- 1 TL Zitronensaft
- 6 EL Holunderblütensirup
- Meersalz

Zubereitung:

1. Lachs in feine Scheiben schneiden.
2. Dill, Kerbel und Melisse waschen und fein hacken. Zusammen mit Pfeffer, Senfsaat und Wacholderbeeren in einen Mörser geben. Dann klein stoßen. Sirup und 3 EL Wodka dazumischen. Lachs damit bestreichen und auf ein Brett legen. Dieses mit Folie abdecken und am besten mit etwas wie Konservendosen beschweren und 24 Stunden kühl stellen.
3. Vor dem Servieren die Kräuter mit einem Messer vorsichtig herunterstreichen. Restlichen Wodka, Zitronensaft und eine Prise Meersalz mischen. Diesen Dip zum Lachs servieren.

Orangen Zimt Lachs mit Feldsalat

Zubereitungszeit: 30 Minuten
Portionen: 4

Zutaten:

- 1 Granatapfel
- 1 Prise Zimt
- 4 Lachsfilets, je 150 g
- 4 EL Rapsöl
- 60 g Feldsalat
- 2 Orangen
- Salz
- Pfeffer

Zubereitung:

1. Orangen waschen und Saft auspressen.
2. Feldsalat waschen.
3. Granatapfel halb schneiden und Kerne mit einem Löffel herauslösen.
4. Salz, 2 EL Rapsöl und Orangensaft mischen. Granatapfelkerne und Feldsalat dazu mischen.
5. Öl in einer Pfanne erhitzen und Lachs darin mit der Haut nach oben 3 Minuten braten. Wenden und weitere 4 Minuten braten. Mit etwas Salz und Zimt bestreuen.
6. Salat auf Tellern verteilen und Lachs darauf legen.

Seelachsfilet mit Pesto Zwiebel Haube

Zubereitungszeit: 35 Minuten
Portionen: 4

Zutaten:

- 400 g Seelachsfilet
- 800 g Kartoffeln
- 4 EL Pesto, rot
- 3 Zwiebeln
- 4 Tomaten
- 1 EL Öl
- 250 ml Buttermilch
- Salz
- Pfeffer

Zubereitung:

1. Kartoffeln schälen und in Viertel schneiden. Dann in einem Topf mit kochendem Salzwasser für 20 Minuten garen.
2. Ofen auf 200 Grad vorheizen.
3. Fisch abwaschen und abtupfen. Dann mit Pfeffer und Salz würzen.
4. Tomaten waschen und in Scheiben schneiden.
5. Tomaten in eine Auflaufform legen. Frisch darauf legen.
6. Zwiebeln schälen und in Würfel schneiden. In einer Pfanne mit Öl 2 Minuten erhitzen und dann mit Pesto mischen. Diese Mischung auf dem Fisch verteilen. Fisch im Ofen 20 Minuten backen.
7. Kartoffeln abgießen und klein stampfen. Dann Buttermilch und Salz untermischen. Zusammen mit dem Fisch servieren.

Garnelen Kokos Pfanne mit Reis

Zubereitungszeit: 35 Minuten
Portionen: 4
Zutaten:

- 2 Knoblauchzehen
- 300 g Reis
- 1 Brokkoli
- 500 g Garnelen, küchenfertig
- 4 EL Öl
- 200 ml Gemüsebrühe
- 2 Zwiebeln
- 400 ml Kokosnussmilch
- Salz
- Pfeffer
- 1 TL Currypulver

Zubereitung:

1. Reis nach Anweisung garen.
2. Rösschen vom Brokkoli abschneiden, der Strunk wird nicht genutzt.
3. Knoblauch und Zwiebel schälen und in Würfel schneiden.
4. In einem Topf Öl erhitzen und Garnelen 3 Minuten anbraten. Garnelen aus dem Topf nehmen. Knoblauch, Zwiebel und Brokkoli in den Topf geben und 4 Minuten braten. Dann Curry, Gemüsebrühe, Kokosmilch, Salz und Pfeffer dazugeben und alles bei geringer Hitze 8 Minuten köcheln lassen. Vor dem Servieren Garnelen einrühren und 2 Minuten mit erwärmen.

Kabeljaufilet auf Gemüsebeet

Zubereitungszeit: 45 Minuten
Portionen: 4
Zutaten:

- 4 Kabeljaufilets, je 200 g
- 400 g Bohnen, grün aus der Dose
- 6 EL Olivenöl
- 4 Stiele Minze
- 1 Fenchelknolle
- 100 ml Weißwein, trocken
- Saft einer halben Zitrone
- 2 Knoblauchzehen
- 1 Dose Tomaten, in Stücken 425 ml
- 1 Zwiebel
- Salz
- Pfeffer

Zubereitung:

1. Fenchel waschen und in Streifen schneiden.
2. Zwiebel und Knoblauch schälen und in Würfel schneiden.
3. Fisch abwaschen und trocken tupfen.
4. Minze waschen und fein schneiden.
5. Fisch mit Hälfte des Zitronensaftes beträufeln, salzen und pfeffern.
6. In einem Topf 2 EL Öl erhitzen. Zwiebel, Knoblauch und Fenchel andünsten. Wein, Tomaten und Bohnen dazugeben. Für 5 Minuten bei geringer Hitze köcheln lassen.
7. In einer zweiten Pfanne 2 EL Öl erhitzen. Fisch je Seite 3 Minuten braten.
8. Gemüse auf Teller verteilen und Fisch darauf setzen.

Spaghetti Vongole

Zubereitungszeit: 45 Minuten
Portionen: 4

Zutaten:

- 1 kg Venusmuscheln
- 1 Bund Petersilie
- 250 ml Weißwein
- 2 Tomaten
- 250 g Spaghetti
- 3 Knoblauchzehen
- Salz
- Pfeffer
- Olivenöl

Zubereitung:

1. Muscheln waschen. Bereits offene Muscheln sofort wegwerfen.
2. Nudeln nach Anweisung garen.
3. Tomaten waschen und würfeln.
4. Knoblauch schälen und in Würfel schneiden.
5. Olivenöl in einer großen Pfanne erhitzen. Muscheln dazugeben, abdecken und 10 Minuten garen. Zwischendurch umrühren. Muscheln, die sich danach nicht geöffnet haben auch wegwerfen.
6. Knoblauch und Zwiebeln zu den Muscheln geben.
7. Petersilie waschen und fein hacken. Alle Zutaten zusammenmischen.

Warme Forellenfilets mit Kartoffeln und Spitzkohl

Zubereitungszeit: 35 Minuten
Portionen: 4
Zutaten:

- 750 Spitzkohl
- 250 g Forellenfilets, geräuchert
- 750 g Spitzkohl
- 2 TL Gemüsebrühe Pulver
- 2 Zwiebeln
- 2 TL Meerrettich, aus dem Glas
- 2 EL Butter
- Salz
- Pfeffer

Zubereitung:

1. Spitzkohl waschen und Strunk herausschneiden. Dann in Streifen schneiden.
2. Kartoffeln schälen und in Würfel schneiden. In kochendem Salzwasser 20 Minuten kochen.
3. Zwiebel schälen und in Würfel schneiden.
4. In einem Topf Butter erhitzen. Zwiebeln 1 Minute anbraten. Spitzkohl dazugeben und 125 ml Wasser darüber gießen. Gemüsebrühe untermischen, zudecken und 5 Minuten köcheln lassen. Meerrettich einrühren und weitere 7 Minuten köcheln lassen.
5. Forellenfilets auf ein Backblech mit Backpapier legen und 5 Minuten bei 160 Grad im Ofen erwärmen.
6. Spitzkohl mit Salz und Pfeffer würzen. Dann mit Kartoffeln mischen und auf Teller geben. Forellenfilets darauf verteilen.

Jakobsmuscheln mit Safransoße

Zubereitungszeit: 20 Minuten
Portionen: 4

Zutaten:

- 16 Jakobsmuscheln, frisch ohne Schale
- 2 Schalotten
- 250 ml Fischfond
- 150 ml Weißwein, trocken
- 200 ml Creme fraiche
- 8 Safranfäden
- Salz
- Pfeffer

Zubereitung:

1. Safran in den Weißwein geben.
2. Schalotten schälen und in Würfel schneiden.
3. Butter und Schalotten in eine Pfanne geben und anbraten. Dann Hitze herunterstellen und Jakobsmuscheln bei geringer Hitze 1 Minute garen. Muscheln aus der Pfanne nehmen.
4. Wein, Schalotten, Fond und Creme fraiche mischen und 5 Minuten kochen lassen. Dann Muscheln kurz mit erwärmen und alles servieren.

Zucchini Lachs Pfanne

Zubereitungszeit: 35 Minuten
Portionen: 4

Zutaten:

- 600 g Lachsfilet
- 2 Zucchini
- 1 Paprikaschote, rot
- 1 EL Zitronensaft
- 1 Zwiebel
- 1 TL Gemüsebrühe Pulver
- 150 ml Sahne
- 1 EL Öl
- 3 EL Öl
- Salz
- Pfeffer

Zubereitung:

1. Zucchini waschen und in Würfel schneiden.
2. Paprika halb schneiden, Kerne und Trennwände entfernen, waschen und in Würfel schneiden.
3. Zwiebel schälen und würfeln.
4. In einem Topf 1 EL erhitzen. Zwiebel anbraten und mit Mehl bestäuben. Zucchini, Paprika, Sahne, Gemüsebrühe und 350 ml Wasser dazugießen. Einmal aufkochen, Hitze herunterstellen und 5 Minuten köcheln lassen.
5. Fisch abwaschen, trocken tupfen und in 8 Stücke schneiden. In einer Pfanne restliches Öl erhitzen und Fisch je Seite 3 Minuten braten. Zusammen mit Zitronensaft, Salz und Pfeffer zum Gemüse geben und mischen.

Garnelen mit Chilisoße, Öl und Knoblauch

Zubereitungszeit: 15 Minuten
Portionen: 2

Zutaten:

- 500 g Riesengarnelen, mit Schale
- 6 EL Olivenöl
- 2 Chilischoten
- 4 Knoblauchzehen
- Meersalz

Zubereitung:

1. Knoblauch schälen und fein hacken.
2. Chili der Länge nach aufschneiden, Kerne entfernen und fein hacken. Zusammen mit Öl in einer Pfanne 2 Minuten anbraten. Garnelen und etwas Meersalz dazugeben und 2 Minuten braten.

Seelachsfilet auf Paprika Rahm Sauerkraut

Zubereitungszeit: 45 Minuten
Portionen: 4
Zutaten:

- 800 g Seelachsfilet
- 850 ml Weinsauerkraut, aus der Dose
- 3 EL Mehl
- 1 EL Paprikapulver, edelsüß
- 2 Zwiebeln
- 2 TL Zucker
- 30 g Butterschmalz
- 2 Eier
- 200 ml Sahne
- 2 EL Öl

Zubereitung:

1. Zwiebel schälen und in Würfel schneiden.
2. In einem Topf Öl erhitzen und Zwiebeln anbraten. Sauerkraut dazugeben und auseinander zupfen. Paprikapulver darauf geben und Sahne einrühren. Mit Salz und Pfeffer würzen. Dann abdecken und 20 Minuten bei geringer Hitze köcheln lassen. Zwischendurch rühren.
3. Mehl auf einen Teller geben.
4. Eier aufschlagen, auf einen Teller geben und mit einer Gabel verquirlen. Fisch waschen, abtupfen, in Mehl und in Ei wenden.
5. In einer Pfanne Butterschmalz erhitzen. Fisch je Seite 3 Minuten braten. Zusammen mit dem Rahmkraut anrichten.

Tomaten Calamari

Zubereitungszeit: 30 Minuten
Portionen: 2
Zutaten:

- 500 g Tintenfischtuben
- 1 Chilischote
- 100 g Oliven, schwarz ohne Stein
- 2 EL Tomatenmark
- 2 EL Kapern
- 2 Knoblauchzehen
- 2 Zwiebeln
- 400 g Tomaten aus der Dose, mit Stücken
- 1 Lorbeerblatt
- Olivenöl
- Salz
- Pfeffer

Zubereitung:

1. Chili der Länge nach aufschneiden, Kerne entfernen und in Stücke schneiden.
2. Knoblauch schälen und würfeln.
3. Calamari unter fließendem Wasser abwaschen. Dann in dicke Ringe schneiden.
4. Oliven in Ringe schneiden.
5. Öl in einer Pfanne erhitzen. Zwiebeln, Chili und Knoblauch 1 Minute braten. Tomatenmark untermischen und 1 Minute braten. Alle anderen Zutaten untermischen. Pfanne abdecken und 5 Minuten garen lassen. Dann aufdecken und bei sehr geringer Hitze 15 Minuten garen lassen.

Lachs auf Blattspinat

Zubereitungszeit: 40 Minuten
Portionen: 4
Zutaten:

- 50 ml Weißwein, trocken
- 700 g Lachsfilet
- 3 Knoblauchzehen
- Saft einer Zitrone
- 1 EL Butter
- 1 Zwiebel
- 2 EL Butter
- 400 g Blattspinat
- 1 Prise Muskat
- Salz
- Pfeffer

Zubereitung:

1. Zwiebel und Knoblauch schälen und in Würfel schneiden.
2. In einem Topf 1 EL Butter erhitzen und Knoblauch mit Zwiebeln anbraten. Spinat waschen und mit in den Topf geben. Etwas Salz, Pfeffer, Muskat und Weißwein untermischen. Topf abdecken und 10 Minuten bei geringer Hitze garen lassen.
3. Lachs abwaschen, trocken tupfen und mit Pfeffer und Salz würzen. Zitronensaft darüber geben.
4. Backofen auf 160 Grad vorheizen.
5. In einer Pfanne Butter erhitzen und Lachs je Seite 2 Minuten anbraten.
6. Auflaufform einfetten und Hälfte des Spinates hineingeben. Lachs auf den Spinat legen und restlichen Spinat auf den Fisch legen.
7. Lachs 10 Minuten im Ofen backen.

Knusprig gebratene Goldbrasse

Zubereitungszeit: 25 Minuten
Portionen: 2

Zutaten:

- 2 Goldbrassen, ausgenommen und küchenfertig
- 50 g Mehl
- 1 Zitrone
- Salz
- Pfeffer
- Öl

Zubereitung:

1. Zitrone halb schneiden.
2. Fisch abwaschen und trocken tupfen.
3. Mehl auf einen Teller geben.
4. Fisch innen salzen und pfeffern, etwas Zitronensaft hineingeben und in Mehl wenden.
5. Öl in einer Pfanne erhitzen und den Fisch je Seite 7 Minuten braten.

Fischfilet in Kräutersoße

Zubereitungszeit: 30 Minuten
Portionen: 4

Zutaten:

- 1 Bund Dill
- 4 Fischfilets nach Wahl, je 200 g
- 3 EL Butter
- 100 ml Sahne
- 125 ml Gemüsebrühe
- 2 EL Zitronensaft
- 250 ml Milch
- 4 EL Mehl
- 1 Bund Petersilie
- Salz
- Pfeffer

Zubereitung:

1. Dill und Petersilie waschen und fein hacken.
2. Fisch mit Wasser abspülen und trocken tupfen. Salz, Pfeffer und Zitronensaft auf den Fisch geben.
3. Butter in einer Pfanne erhitzen.
4. Fisch in Mehl wenden und in der Pfanne je Seite 3 Minuten braten. Dann aus der Pfanne nehmen. Kräuter, Brühe und Sahne in die Pfanne geben. Alles aufkochen, salzen und pfeffern. Fisch mit Soße servieren.
   Dazu passen Salzkartoffeln.

Nudeln mit Oliven, Tomaten und Sardellen

Zubereitungszeit: 45 Minuten
Portionen: 4
Zutaten:

- 400 g Penne Nudeln
- 4 Sardellenfilets
- 40 g Kapern
- 400 g Tomaten aus der Dose, gehackt
- 2 Knoblauchzehen
- 100 g Oliven, schwarz ohne Stein
- 2 EL Petersilie
- 4 EL Olivenöl
- Salz
- Pfeffer

Zubereitung:

1. Nudeln nach Anweisung garen.
2. Knoblauch schälen und fein hacken.
3. In einer Pfanne Öl erhitzen. Sardellen und Knoblauch hineingeben und 3 Minuten mit Wenden braten.
4. Oliven klein schneiden.
5. Tomaten, Kapern und Oliven mit in die Pfanne geben. Soße aufkochen lassen, salzen und pfeffern.
6. Zusammen mit den Nudeln servieren.

Lachs Gnocchi Pfanne mit Brokkoli

Zubereitungszeit: 25 Minuten
Portionen: 4

Zutaten:

- 100 ml Milch
- 250 g Lachsfilet
- 250 ml Gemüsebrühe
- 250 g Brokkoli
- 800 g Gnocchi
- 20 ml Weißwein, trocken
- 100 g Creme fraiche
- 250 ml Sahne
- Salz
- Pfeffer
- Öl

Zubereitung:

1. Rösschen vom Brokkoli abschneiden und Strunk entsorgen. Rösschen in einen Topf mit kochendem Salzwasser geben, 6 Minuten kochen und abschütten.
2. Gnocchi nach Anweisung garen.
3. Lachs in einer Pfanne mit etwas Öl je Seite 2 Minuten anbraten. Dann aus der Pfanne nehmen.
4. Gemüsebrühe, Milch, Salz, Pfeffer und Creme fraiche in die Pfanne geben. Einmal aufkochen. Lachs etwas zerkleinern und zusammen mit Brokkoli und Gnocchi in die Soße mischen. Einmal erhitzen und servieren.

Reisnudeln mit Thunfisch

Zubereitungszeit: 20 Minuten
Portionen: 1

Zutaten:

- 1 Dose Thunfisch, im eigenen Saft
- 200g Reisnudeln
- 1 Frühlingszwiebel
- ½ TL Chilipulver

Zubereitung:

1. Nudeln nach Anweisung garen.
2. Frühlingszwiebel waschen und in Ringe schneiden.
3. Thunfisch abschütten und etwas zerkleinern.
4. Alle Zutaten in einen Topf geben, kurz erhitzen und servieren.

Vegetarische & Vegane Rezepte

Gegrillte Gemüsespieße

Zubereitungszeit: 1 Stunde und 45 Minuten
Portionen: 4

Zutaten:

- 3 Knoblauchzehen
- 16 Champignons
- 2 Paprikaschoten, rot
- 3 EL Olivenöl
- 1 Zwiebel, rot
- 1 EL Semmelbrösel
- 1 EL Balsamico Essig
- 16 Kirschtomaten
- Salz
- Pfeffer

Zubereitung:

1. Zwiebel schälen und in grobe Stücke schneiden.
2. Paprika halb schneiden, Kerne und Trennwände herausnehmen und in große Stücke schneiden.
3. Tomaten waschen.
4. Essig, Öl, Semmelbrösel, Salz und Pfeffer mischen. Knoblauch schälen und in feine Würfel schneiden. Dann untermischen.
5. Gemüse nun abwechselnd auf die Spieße stecken und in die Marinade mit dem Knoblauch legen. Für 1 Stunde ziehen lassen.
6. Die Spieße kann man nun auf dem Grill 20 Minuten garen. Alternativ kann man sie in dieser Zeit auch in der Pfanne braten. Zwischendurch immer wenden.

Brokkoli Omelette

Zubereitungszeit: 45 Minuten
Portionen: 1

Zutaten:

- 3 Eier
- 50 g Gouda, gerieben
- 2 EL Milch
- 1 Knoblauchzehe
- 300 g Brokkoli
- 1 Zwiebel
- Öl
- Salz
- Pfeffer

Zubereitung:

1. Salzwasser in einem Topf zum Kochen bringen: Brokkoli etwas kleiner schneiden, in den Topf geben und 20 Minuten kochen lassen. Dann abtropfen.
2. Zwiebel und Knoblauch schälen und in Würfel schneiden.
3. Milch und Eier mischen.
4. Brokkoli in feine Stücke schneiden.
5. Öl in einer Pfanne erhitzen und Knoblauch, Zwiebeln und Brokkoli anbraten. Dann das Ei nach 2 Minuten dazugeben. Mischung für 4 Minuten braten lassen, wenden und mit Käse bestreuen. Omelett zusammenklappen und servieren.

Spaghetti mit grünem Spargel und Erbsen

Zubereitungszeit: 30 Minuten
Portionen: 4
Zutaten:

- 120 g Erbsen, TK
- 300 g Spargel, grün
- 350 ml Sahne
- Saft von 2 Zitronen
- 400 g Spaghetti
- 2 EL Sonnenblumenöl
- ½ Bund Petersilie
- ½ Bund Minze
- 2 EL Butter
- Salz
- Pfeffer

Zubereitung:

1. Nudeln nach Anweisung garen.
2. Spargel waschen, unteres Drittel abschneiden und restlichen Spargel in Stücke schneiden.
3. Zitronensaft, Sahne und Hälfte der Erbsen in einen Topf geben und 2 Minuten bei geringer Hitze köcheln lassen. Soße, salzen und pfeffern. Soße pürieren und restliche Erbsen untermischen.
4. In einer Pfanne Butter erhitzen und Spargel darin unter Wenden 4 Minuten braten.
5. Minze und Petersilie waschen und fein hacken.
6. Nudeln abschütten und mit Spargel und Soße mischen. Dann Kräuter darüber streuen.

Gnocchi mit Möhren und Spinatcreme

Zubereitungszeit: 30 Minuten
Portionen: 4

Zutaten:

- 500 g Gnocchi, aus dem Kühlregal
- 200 g Babyspinat
- 100 ml Milch
- 1 EL Honig
- 1 Bund Möhren
- 4 EL Olivenöl
- 1 Zwiebel
- 200 g Creme fraiche
- Salz
- Pfeffer

Zubereitung:

1. Spinat waschen und abtropfen lasen.
2. Grün von den Möhren abschneiden und Möhren waschen.
3. Zwiebel schälen und in Würfel schneiden. In einer Pfanne mit 2 EL Öl anbraten. Möhren dazugeben, auf mittlerer Hitze stellen und Möhren rundherum für 15 Minuten braten. 2 Minuten vor Ende der Bratzeit Honig dazumischen.
4. In einer zweiten Pfanne 2 EL Öl erhitzen und Gnocchi darin unter Wenden 5 Minuten braten. Gnocchi herausnehmen und Spinat in die Pfanne geben.
5. Creme fraiche mit etwas Salz und Pfeffer mischen, Milch dazugeben und Soße über den Spinat gießen.
6. Gnocchi auf Teller geben. Spinatcreme darauf geben und Möhren darauf legen.

Nudeln mit Blumenkohl

Zubereitungszeit: 30 Minuten
Portionen: 4
Zutaten:

- 1 Blumenkohl
- 400 g Pennenudeln
- 1 Zwiebel
- 1 Paprikaschote, rot
- 200 g Frischkäse, Natur
- 1 TL Instant Gemüsebrühe
- 3 EL Öl
- Salz
- Pfeffer

Zubereitung:

1. Blumenkohl etwas kleiner schneiden und in einem Topf mit Salzwasser 8 Minuten kochen. Aus dem Wasser nehmen und abtropfen lassen.
2. Nudeln nach Anweisung garen.
3. Zwiebel schälen und in Würfel schneiden.
4. Paprika halb schneiden, Kerne und Trennwände herausschneiden, waschen und in Würfel schneiden.
5. Öl in einer Pfanne erhitzen und Blumenkohl, Zwiebeln und Paprika 5 Minuten anbraten. 250 ml Wasser dazugeben, Brühe eingießen, abdecken und 10 Minuten garen.
6. Nudeln abschütten.
7. Frischkäse zum Blumenkohl mischen und Soße über die Nudeln geben. Auf Wunsch salzen und pfeffern.

Spaghetti mit Halloumi und Pilzen

Zubereitungszeit: 30 Minuten
Portionen: 4
Zutaten:

- 400 g Spaghetti
- 500 g Champignons, braun
- 2 Knoblauchzehen
- 1 TL Thymian
- 225 g Halloumi Käse
- 300 g Creme fraiche
- 4 EL Olivenöl
- Salz
- Pfeffer

Zubereitung:

1. Pilze in dicke Scheiben schneiden.
2. Halloumi in Würfel schneiden.
3. Knoblauch schälen und würfeln.
4. Nudeln nach Anweisung garen.
5. 2 EL Öl in einer Pfanne erhitzen. Pilze anbraten und zwischendurch wenden. Pilze salzen, pfeffern und mit Creme fraiche mischen. 150 ml des Nudelkochwassers untermischen, aufkochen und vom Herd nehmen.
6. In einer zweiten Pfanne 2 EL Öl erhitzen und Halloumi anbraten. Nach 3 Minuten aus der Pfanne nehmen,
7. Nudeln abschütten, auf Tellern anrichten und Soße darüber geben. Dann den Käse darauf streuen.

Bratkartoffeln mit Tomaten-Bohnen Gemüse und Feta

Zubereitungszeit: 30 Minuten
Portionen: 4

Zutaten:

- 1 kg Kartoffeln
- 2 EL Butter
- 2 Zwiebeln
- 1 Knoblauchzehe
- 500 g Bohnen, grün
- 500 g Kirschtomaten
- 300 ml Gemüsebrühe
- 200 g Feta
- Salz
- Pfeffer

Zubereitung:

1. Bohnen waschen und Enden abschneiden.
2. Zwiebel schälen, halb schneiden und in Ringe schneiden.
3. Kartoffeln waschen, schälen und in Würfel schneiden.
4. Knoblauch schälen und in Würfel schneiden.
5. Tomaten waschen.
6. Butter in einer Pfanne erhitzen. Kartoffeln bei mittlerer Hitze 7 Minuten unter Wenden braten, bis sie goldbraun sind. Knoblauch und Zwiebeln untermischen und alles 2 weitere Minuten garen.
7. Bohnen, in die Pfanne geben, salzen und pfeffern. Nach 4 Minuten Gemüsebrühe dazumischen, abdecken und 10 Minuten bei geringer Hitze köcheln lassen.
8. Tomaten in die Pfanne mischen. Feta klein bröseln und über alles streuen.

Schupfnudeln mit Pilzen und Lauch

Zubereitungszeit: 35 Minuten

Portionen: 4

Zutaten:

- 1 kg Schupfnudeln, aus dem Kühlregal
- 1 Stange Lauch
- 4 EL Öl
- 500 g Champignons weiß
- 4 EL Butter
- Salz
- Pfeffer

Zubereitung:

1. Lauch der Länge nach halb schneiden und Ende abschneiden. Dann waschen und in 1 cm breite Streifen schneiden.
2. 1,5 Liter Wasser in einem Topf zum Kochen bringen. Lauch 3 Minuten garen, abgießen und abtropfen lassen.
3. In einer Pfanne Butter und 2 EL Öl erhitzen. Schupfnudeln hineingeben und 4 Minuten braten. Aus der Pfanne nehmen und zur Seite stellen.
4. Pilze in Achtel schneiden und mit 2 EL in der Pfanne anbraten. Lauch dazugeben und 2 Minuten braten. Dann die Schupfnudeln untermischen und 3 Minuten braten. Vor dem Servieren salzen und pfeffern.

Brokkoli Feta Pasta

Zubereitungszeit: 25 Minuten
Portionen: 4
Zutaten:

- 500 g Nudeln nach Wahl
- 1 Brokkoli
- 250 g Feta
- 3 EL Walnüsse, gehackt
- 3 EL Olivenöl
- Salz

Zubereitung:

1. Brokkoli waschen und die Rösschen abschneiden. Den Strunk benötigt man nicht.
2. Nudeln nach Anweisung garen.
3. 5 Minuten vor Ende der Garzeit Brokkoli mit ins Nudelwasser geben. Alles durch ein Sieb abgießen.
4. Feta klein bröseln. Zusammen mit Nüssen und Olivenöl unter die Nudeln mischen. Dann salzen und pfeffern.

Kartoffelgratin

Zubereitungszeit: 1 Stunde und 20 Minuten
Portionen: 4

Zutaten:

- 1 Knoblauchzehe
- 1 kg Kartoffeln, festkochend
- 1 TL Butter
- 1 Prise Muskatnuss
- 200 ml Sahne
- 200 g Emmentaler, gerieben
- 150 ml Milch

Zubereitung:

1. Ofen auf 180 Grad vorheizen.
2. Kartoffeln schälen und in sehr dünne Scheiben schneiden.
3. Knoblauch schälen und halb schneiden.
4. Eine Auflaufform mit der Butter einfetten und mit dem Knoblauch einreiben.
5. Kartoffeln in die Form schichten. Salz, Pfeffer und Muskat darüber geben.
6. Milch, Sahne, Salz und Pfeffer mischen. Alles über die Kartoffeln gießen und im Ofen 20 Minuten backen lassen.
7. Gratin aus dem Ofen nehmen und Käse darüberstreuen. Dann nochmals 30 Minuten im Ofen backen lassen.

Kartoffel Möhren Pfanne

Zubereitungszeit: 35 Minuten
Portionen: 1

Zutaten:

- 5 Möhren
- 1 kg Kartoffeln
- 2 Stiele Petersilie
- 2 Zwiebeln
- 4 EL Öl
- 200 ml Sahne
- Salz
- Pfeffer

Zubereitung:

1. Kartoffeln schälen und in Stücke von 1 cm schneiden. In einen Topf mit kochendem Salzwasser geben, abdecken und 10 Minuten kochen lassen.
2. Möhren schälen und in Scheiben schneiden.
3. Petersilie waschen und fein schneiden.
4. Zwiebel schälen und in Würfel schneiden.
5. Kartoffeln abschütten und abtropfen lassen.
6. Öl in einer Pfanne erhitzen. Möhren und Zwiebeln bei hoher Hitze 2 Minuten braten. Kartoffeln untermischen und nochmals 5 Minuten braten.
7. Sahne, Salz und Pfeffer mischen und über die Kartoffeln gießen. 2 Minuten kochen lassen. Dann servieren und mit Petersilie bestreuen.

Pfifferling Rahm Tagliatelle

Zubereitungszeit: 30 Minuten
Portionen: 4
Zutaten:

- 400 g Pfifferlinge
- 500 g Tagliatelle
- 2 EL Öl
- 1 Zwiebel
- 200 g Creme fraiche
- Salz
- Pfeffer

Zubereitung:

1. Nudeln nach Anweisung garen.
2. Pfifferlinge gründlich waschen und abreiben.
3. Zwiebel schälen und in Würfel schneiden.
4. Öl in einer Pfanne erhitzen. Pfifferlinge für 5 Minuten anbraten. Zwiebel untermischen und 3 Minuten braten. Creme fraiche, Salz und Pfeffer untermischen.
5. Nudeln abschütten und mit der Soße mischen.

Überbackene Spätzle mit Weißkohl

Zubereitungszeit: 40 Minuten
Portionen: 4

Zutaten:

- 500 g Spätzle, frisch
- ½ Weißkohl
- 200 ml Sahne
- 2 EL Öl
- 200 g Gouda, gerieben
- 1 Zwiebel
- Pfeffer
- Salz

Zubereitung:

1. Ofen auf 200 Grad vorheizen.
2. 5 Liter Wasser aufkochen. Spätzle 4 Minuten darin garen. Abgießen und abtropfen lassen.
3. Kohl in Viertel schneiden, Strunk herausschneiden und in Streifen schneiden.
4. Zwiebel schälen und in Würfel schneiden.
5. Öl in einem Topf erhitzen. Zwiebeln und Kohl bei mittlerer Hitze anbraten, salzen, pfeffern und Sahne zugießen. Topf abdecken und 5 Minuten garen lassen.
6. Nudeln und Kohl mischen und in eine Auflaufform geben. Käse darüber streuen und im Ofen 15 Minuten backen.

Tagliatelle mit Kürbis und Orangensaft

Zubereitungszeit: 30 Minuten
Portionen: 4
Zutaten:

- 2 Hokkaido-Kürbisse
- 1 Orange
- 150 g Ziegenfrischkäse
- 300 ml Gemüsebrühe
- 2 EL Öl
- 100 ml Sahne
- 500 g Tagliatelle
- Salz
- Pfeffer

Zubereitung:

1. Kürbis halb schneiden und Kerne herauskratzen. Kürbis in Würfel schneiden und in einem Topf mit Öl 3 Minuten braten. Salzen und pfeffern.
2. Nudeln nach Anweisung garen.
3. Saft aus der Orange pressen. Mit Sahne und Brühe zum Kürbis geben. Auf mittlere Stufe stellen, abdecken und 10 Minuten köcheln lassen.
4. Nudeln abschütten.
5. Ziegenfrischkäse klein schneiden.
6. Alle Zutaten zusammenmischen.

Rote Linsen mit Kokos Spinat

Zubereitungszeit: 25 Minuten
Portionen: 4

Zutaten:

- 300 g Linsen, rot
- 450 g Blattspinat
- 1 Paprikaschote, gelb
- 1 Zwiebel
- 1 TL Currypulver
- 400 ml Kokosnussmilch
- 3 EL Öl
- 1 TL Ingwer
- Salz
- Pfeffer

Zubereitung:

1. Zwiebel schälen und in Würfel schneiden.
2. Spinat waschen und abtropfen lassen.
3. Paprika halb schneiden, Kerne und Trennwände herausschneiden, waschen und in Würfel schneiden.
4. In einem Topf 1 EL Öl erhitzen. Zwiebeln anbraten. Paprika nach 2 Minuten dazugeben und 2 Minuten braten. Linsen, Salz, Pfeffer, Curry und 600 ml Wasser dazumischen. Topf abdecken und bei mittlerer Hitze 10 Minuten köcheln lassen.
5. Restliches Öl in einer Pfanne erhitzen. Ingwer und Spinat hineingeben. 1 Minute braten und Kokosmilch dazugießen. Salzen und pfeffern.
6. Linsen mit der Spinatsoße servieren.

Falafel Salat

Zubereitungszeit: 15 Minuten
Portionen: 2
Zutaten:

- 150 g Joghurt
- 200 g Falafel Snack Balls
- 1 Paprikaschote, gelb
- 1 EL Sonnenblumenöl
- Saft einer Zitrone
- 1 Zwiebel, rot
- ½ Salatgurke
- Salz
- Pfeffer

Zubereitung:

1. In einer Pfanne Öl erhitzen. Dann Falafeln hineingeben und unter Wenden 8 Minuten braten.
2. Gurke schälen und in Scheiben schneiden.
3. Paprika halb schneiden, Kerne und Trennwände entfernen und in Stücke schneiden.
4. Zwiebeln schälen und in Scheiben schneiden.
5. Salz, Pfeffer, Zitronensaft und Joghurt mischen. Dann Paprika, Zwiebel und Gurke dazu mischen. Salat auf Tellern anrichten und Falafeln darauf legen.

Reis Avocado Salat mit Rucola

Zubereitungszeit: 25 Minuten
Portionen: 2

Zutaten:

- 1 Paprikaschote, rot
- 200 g Reis
- 1 EL Olivenöl
- 1 Avocado
- 150 g Naturjoghurt
- ½ Bund Rucola
- 1 Zitrone
- Salz
- Pfeffer

Zubereitung:

1. Reis nach Anweisung garen. Danach abschütten und abkühlen lassen.
2. Paprika halb schneiden, Kerne und Trennwände entfernen, waschen und in Würfel schneiden.
3. Rucola waschen.
4. Zitrone auspressen.
5. Avocado halb schneiden, Kern entnehmen, schälen und würfeln.
6. Alle Zutaten ohne den Joghurt mischen. Der Joghurt wird beim Servieren auf den Salat gegeben.

Spinatspätzle

Zubereitungszeit: 35 Minuten
Portionen: 1

Zutaten:

- 500 g Spätzle, aus dem Kühlregal
- 1 Zwiebel
- 1 Knoblauchzehe
- 500 g Blattspinat
- 250 g Creme fraiche
- 1 EL Butter
- 2 EL Parmesan, gerieben
- 1 Prise Muskatnuss
- Salz
- Pfeffer

Zubereitung:

1. Spätzle nach Anweisung garen.
2. Zwiebel und Knoblauch schälen und würfeln.
3. Zusammen mit dem Spinat in einen Topf geben und mit einem 1 EL Wasser erhitzen.
4. Spätzle abgießen und abtropfen lassen.
5. Butter in einer Pfanne erhitzen. Alle Zutaten hineingeben und gut mischen. 2 Minuten garen lassen und servieren.

Spaghetti aglio e olio

Zubereitungszeit: 35 Minuten
Portionen: 4

Zutaten:

- 4 Knoblauchzehen
- 1 Bund Petersilie
- 150 ml Olivenöl
- 400 g Spaghetti
- 1 Prise Chili
- Salz

Zubereitung:

1. Nudeln nach Anweisung garen.
2. Knoblauch schälen und durch eine Knoblauchpresse pressen.
3. Petersilie waschen und fein hacken.
4. Olivenöl, Chili, Petersilie und Knoblauch in einer Pfanne leicht erwärmen und 3 Minuten ziehen lassen.
5. Nudeln abschütten, mit in die Pfanne geben und 5 Minuten unter Rühren garen.

Zucchinipuffer

Zubereitungszeit: 25 Minuten
Portionen: 4
Zutaten:

- 200 g Haferflocken
- 600 g Zucchini
- 70 g Käse, gerieben
- 2 Zwiebeln
- 100 ml Sonnenblumenöl
- 2 Eier
- 2 Knoblauchzehen
- Salz
- Pfeffer

Zubereitung:

1. Knoblauch und Zwiebeln schälen und fein hacken.
2. Zucchini reiben. Mit Haferflocken, Knoblauch, Zwiebeln und Käse mischen. Salzen und pfeffern.
3. Öl in einer Pfanne erhitzen. Aus den Zucchini kleine Puffer formen und diese flach drücken. Dann nacheinander im Öl je Seite 5 Minuten backen.

Brokkoli Kartoffel Auflauf

Zubereitungszeit: 1 Stunde

Portionen: 4

Zutaten:

- 600 g Brokkoli
- 100 ml Sahne
- 4 Eier
- 600 g Kartoffeln
- 150 ml Milch
- 50 g Gouda, gerieben
- Salz
- Pfeffer

Zubereitung:

1. Kartoffeln waschen und in Salzwasser 20 Minuten kochen. Dann abschütten, etwas abkühlen lassen und in Scheiben schneiden.
2. Brokkoli waschen und Rösschen abschneiden. Der Strunk wird nicht verwendet. Rösschen in kochendem Salzwasser 8 Minuten garen.
3. Kartoffelscheiben und Brokkoli abwechselnd in eine Auflaufform schichten.
4. Salz, Pfeffer, Eier, Sahne und Milch mischen. Dann über die Kartoffeln gießen. Auflauf für 20 Minuten im Ofen bei 200 Grad backen. Aus dem Ofen nehmen, Käse darüber streuen und weitere 8 Minuten backen.

Pilzgulasch

Zubereitungszeit: 45 Minuten
Portionen: 4
Zutaten:

- 500g Tagliatelle
- 1 kg Pfifferlinge
- 50 g Butter
- 4 EL Sauerrahm
- 2 EL Mehl
- 1 TL Zitronensaft
- 150 g Zwiebeln, in Würfeln
- 1 EL Petersilie
- Salz
- Pfeffer

Zubereitung:

1. Nudeln nach Anweisung garen.
2. Pfifferlinge waschen und abreiben.
3. Butter in einem Topf erhitzen und Zwiebel 2 Minuten anbraten. Zitronensaft, Pilze, Salz und Pfeffer untermischen und 5 Minuten bei mittlerer Hitze köcheln lassen.
4. Pilze aus dem Topf nehmen.
5. Sauerrahm und Mehl mischen und in den Topf mit der Brühe geben. Einmal aufkochen und Pilze untermischen.
6. Nudeln abschütten und auf Teller geben. Pilzsoße darüber geben und mit Petersilie bestreuen.

Zucchini Pilz Pfanne

Zubereitungszeit: 25 Minuten
Portionen: 1
Zutaten:

- 500 g Zucchini
- 500 g Champignons
- 3 EL Olivenöl
- 200 g Creme fraiche mit Kräutern
- 3 Knoblauchzehen
- 1 Zwiebel
- Salz
- Pfeffer

Zubereitung:

1. Zucchini waschen, Enden abschneiden und in Scheiben schneiden.
2. Zwiebel und Knoblauch schälen und fein hacken.
3. Pilze in Scheiben schneiden.
4. Zwiebeln, Zucchini und Pilze in einer Pfanne andünsten. Nach 5 Minuten Creme fraiche unterrühren, bei geringer Hitze nochmals 4 Minuten garen, salzen, pfeffern und servieren.

Gemüseauflauf

Zubereitungszeit: 1 Stunde
Portionen: 2
Zutaten:

- 400 g Mischgemüse, TK
- 1 EL Majoran
- 3 EL Mehl
- 3 Knoblauchzehen
- 3 Eier
- 250 g Sauerrahm
- 125 g Mozzarella
- Etwas Butter
- Salz
- Pfeffer

Zubereitung:

1. Backofen auf 200 Grad vorheizen.
2. Knoblauch schälen und würfeln.
3. Gemüse in ein Sieb geben und mit heißem Wasser abspülen.
4. Mozzarella klein schneiden.
5. Alle Zutaten miteinander mischen, gut rühren und in eine Auflaufform füllen. Dann 40 Minuten im Ofen backen.

Nudeln in Tomatensoße

Zubereitungszeit: 45 Minuten
Portionen: 2

Zutaten:

- 100 g Parmesan, gerieben
- 300 g Penne Nudeln
- 5 Tomaten
- 50 ml Olivenöl
- 1 Zwiebel
- 4 EL Basilikum

Zubereitung:

1. Nudeln nach Anweisung garen.
2. Zwiebel und Knoblauch schälen und würfeln.
3. Tomaten waschen und in halb schneiden. Kerne mit einem Löffel herauskratzen und Tomaten in Würfel schneiden.
4. Zwiebeln, Knoblauch, Tomaten und Basilikum mischen. Mit Olivenöl in eine Pfanne geben und 10 Minuten köcheln lassen. Soße zu den Nudeln servieren und Parmesan darüber streuen.

Onion Rings

Zubereitungszeit: 30 Minuten
Portionen: 4
Zutaten:

- 3 Zwiebeln
- 100 ml Bier
- 200 g Mehl
- 1 TL Salz
- 3 Eier
- 500 g Pflanzenöl

Zubereitung:

1. Salz, Mehl, Eier und Bier mischen.
2. Zwiebeln schälen und in Ringe schneiden.
3. Öl in einem Topf erhitzen.
4. Zwiebeln in den Teig geben und danach in dem Fett 3 Minuten ausbacken.

Zucchiniröllchen mit Fetafüllung

Zubereitungszeit: 25 Minuten
Portionen: 4
Zutaten:

- 1 Knoblauchzehe
- 2 Zucchini
- 200 g Feta
- 1 EL Olivenöl
- Salz
- Pfeffer

Zubereitung:

1. Knoblauch schälen und würfeln.
2. Feta etwas zerbröseln. Mit Knoblauch, Salz und Pfeffer mischen.
3. Zucchini waschen und die Enden abschneiden. Dann längs in Scheiben schneiden. Scheiben mit Feta bestreichen und zusammenrollen.
4. Öl in einer Pfanne erhitzen und die Röllchen unter Wenden 5 Minuten braten.

Rosmarinkartoffeln

Zubereitungszeit: 35 Minuten
Portionen: 4
Zutaten:

- 1 kg Kartoffeln
- 2 EL Olivenöl
- 2 TL Rosmarin
- Salz

Zubereitung:

1. Ofen auf 220 Grad vorheizen.
2. Kartoffeln waschen und in Spalten schneiden. Kartoffeln in eine Schüssel geben. Mit Rosmarin, Salz und Öl mischen.
3. Backblech mit Backpapier belegen und Kartoffeln darauf verteilen. Im Ofen 25 Minuten backen. Dazu kann man einen Dip servieren.

Bruschetta mit Tomate und Feta

Zubereitungszeit: 15 Minuten
Portionen: 4

Zutaten:

- 4 Strauchtomaten
- 1 Baguette
- 2 Stiele Basilikum
- 1 Knoblauchzehe
- 10 ml Balsamico Essig
- 100 g Feta
- 3 EL Olivenöl
- Salz
- Pfeffer

Zubereitung:

1. Backofen auf 160 Grad vorheizen.
2. Baguette in Scheiben von 1,5 cm schneiden. Diese auf ein Backblech legen.
3. Knoblauch schälen und halb schneiden. Baguettescheiben damit einreiben. Baguette im Ofen für 6 Minuten backen.
4. Basilikum waschen und fein schneiden.
5. Feta klein bröseln.
6. Tomaten waschen und würfeln. Mit allen anderen Zutaten außer dem Baguette mischen.
7. Baguette aus dem Ofen nehmen und mit der Tomatenmischung belegen.

Champignons mit Mozzarella gefüllt

Zubereitungszeit: 30 Minuten
Portionen: 4
Zutaten:

- 2 Mozzarella
- 500 g Champignons, weiß
- 2 EL Olivenöl
- Salz
- Pfeffer

Zubereitung:

1. Ofen auf 200 Grad vorheizen.
2. Stiele aus den Pilzen herausdrehen.
3. Mozzarella klein schneiden. Mit Öl, Salz und Pfeffer mischen.
4. Pilze in eine Auflaufform stellen, mit Mozzarella füllen und 20 Minuten im Ofen backen.

Paprika mit Frischkäsedip und Brot

Zubereitungszeit: 10 Minuten
Portionen: 4
Zutaten:

- 4 Paprikaschoten, rot
- 2 TL Schnittlauch
- ½ Bund Radieschen
- 300 g Frischkäse, körnig
- 4 Scheiben Roggenbrot
- Salz
- Pfeffer

Zubereitung:

1. Paprika halb schneiden, Kerne und Trennwände herausschneiden und waschen.
2. Radieschen waschen und klein schneiden. Alle Zutaten außer der Paprika und dem Brot mischen. Mischung in die Paprika füllen und Brot dazu servieren.

Toast aus Süßkartoffeln und Avocado

Zubereitungszeit: 25 Minuten
Portionen: 4
Zutaten:

- 1 Avocado
- 1 Paprikaschote, orange
- 2 EL Cashewkerne
- 2 Süßkartoffeln
- Saft einer halben Zitrone
- 1 Knoblauchzehe
- Salz
- Pfeffer

Zubereitung:

1. Paprika waschen, halb schneiden, Kerne und Trennwände entfernen, waschen und würfeln.
2. Avocado halb schneiden, Kern entfernen, schälen und würfeln.
3. Knoblauch schälen und würfeln. Mit Zitronensaft, Salz, Paprika, Pfeffer, Cashewkernen und Avocado mischen. Kartoffeln waschen und in 1 cm dicke Scheiben schneiden. Diese im Toaster 3 Mal rösten, bis sie leicht braun sind. Kartoffeln auf Teller legen und Avocadomischung darauf geben.

Eier Sandwich mit Tomaten und Mayonnaise

Zubereitungszeit: 15 Minuten
Portionen: 4

Zutaten:

- 8 Scheiben Toastbrot
- 2 Tomaten
- 4 Eier
- 4 EL Mayonnaise
- Salz
- Pfeffer

Zubereitung:

1. Eier in kochendes Wasser geben und 8 Minuten kochen. Dann aus dem Wasser nehmen und mit kaltem Wasser abspülen.
2. Tomaten waschen und in Würfel schneiden. Mit Mayonnaise, Salz und Pfeffer mischen.
3. Eier in dünne Scheiben schneiden.
4. Je 4 Toastscheiben mit der Tomatenmischung bestreichen und Eier darauf legen. Dann zweite Toastscheibe darauf legen und servieren.

Caprese Baguette

Zubereitungszeit: 15 Minuten
Portionen: 4

Zutaten:

- 4 EL Olivenöl
- 4 Tomaten
- 250 g Mozzarella
- 6 Blatt Basilikum
- 2 Baguettes
- Salz
- Pfeffer

Zubereitung:

1. Basilikum waschen.
2. Tomaten waschen und in Scheiben schneiden.
3. Mozzarella in Scheiben schneiden.
4. Baguettes der Länge nach aufschneiden und je mit 1 EL Olivenöl, pro Seite bestreichen. Mozzarella und Tomate abwechselnd darauf legen und Basilikum darüber geben.

Überbackene Spitzpaprika

Zubereitungszeit: 30 Minuten
Portionen: 4
Zutaten:

- 4 Spitzpaprika, rot
- 50 g Feta
- 250 g Gouda, gerieben
- 2 EL Olivenöl
- Salz
- Pfeffer

Zubereitung:

1. Ofen auf 200 Grad vorheizen.
2. Paprika waschen, der Länge nach aufschneiden und Kerne entfernen. Mit etwas Öl einreiben, salzen und mit der Hautseite nach oben auf ein Backblech legen. Backblech auf der obersten Schiene im Ofen platzieren und Paprika 5 Minuten rösten.
3. Feta klein bröseln. Mit Gouda und Pfeffer mischen. Mischung in die Paprika füllen. Dann im Ofen für 10 Minuten garen.

Selbst gemachte Kartoffelchips

Zubereitungszeit: 45 Minuten
Portionen: 2
Zutaten:

- 4 Kartoffeln, festkochend
- 1 TL Paprikapulver
- ½ TL Knoblauchpulver
- 3 EL Olivenöl
- 1 TL Zucker, braun
- 1 Prise Salz
- 1 Prise Pfeffer

Zubereitung:

1. Kartoffeln schälen und in sehr dünne Scheiben schneiden. Mit allen anderen Zutaten mischen.
2. Backofen auf 175 Grad vorheizen. Backblech mit Backpapier belegen und Kartoffeln darauf geben. Im Ofen 30 Minuten backen.

Kartoffelecken

Zubereitungszeit: 45 Minuten
Portionen: 4
Zutaten:

- 1 kg Kartoffeln
- 1 EL Paprikapulver
- 3 EL Olivenöl
- 1 EL Pfeffer
- 1 EL Salz

Zubereitung:

1. Kartoffeln waschen und mit der Schale in Viertel schneiden.
2. Alle Zutaten in eine Schüssel geben und gut mischen.
3. Backblech mit Backpapier belege. Kartoffeln darauf verteilen und bei 200 Grad 40 Minuten backen.

Blätterteigpizza

Zubereitungszeit: 40 Minuten
Portionen: 4

Zutaten:

- 1 Stange Lauch
- 6 EL Tomatenmark
- 1 Packung Blätterteig, aus dem Kühlregal
- 1 EL Oregano
- 1 EL Rosmarin
- 1 EL Petersilie
- 4 Scheiben vegetarische Salami
- 1 Glas Tomaten, getrocknet
- 2 Packungen Mozzarella
- Salz
- Pfeffer

Zubereitung:

1. Ofen auf 180 Grad vorheizen.
2. Backblech mit Backpapier belegen und Blätterteig darauf ausrollen.
3. Kräuter, 3 EL Wasser, Salz, Pfeffer und Öl mit Tomatenmark mischen. Teig damit bestreichen.
4. Mozzarella in Scheiben schneiden.
5. Lauch waschen und in Ringe schneiden.
6. Tomaten halb schneiden und in Scheiben schneiden.
7. Salami in Streifen schneiden.
8. Alle Zutaten auf dem Teig verteilen und die Blätterteigpizza für 20 Minuten im Ofen backen.

Desserts

Bananensplit mit Schokoladensoße

Zubereitungszeit: 25 Minuten
Portionen: 4
Zutaten:

- 8 Kugeln Vanilleeis
- 4 Bananen
- 1 Becher Sahne
- 160 g Schokoladensoße
- 2 EL Mandelsplitter

Zubereitung:

1. Bananen schälen und der Länge nach halb schneiden.
2. Sahne steif schlagen.
3. Schokosoße auf Teller geben und Bananen darauf anrichten.
4. Sahne auf die Bananen geben und mit den Mandeln bestreuen. Vanilleeis dazwischen verteilen.

Himbeertraum

Zubereitungszeit: 15 Minuten & 6 Stunden Kühlzeit
Portionen: 4
Zutaten:

- 1 Paket Himbeeren, TK Ware
- 500 g Frischkäse, Natur
- 150 g Zucker
- 200 ml Sahne

Zubereitung:

1. Frischkäse, Sahne und Zucker mischen.
2. Himbeeren in der Masse verteilen und Schüssel abdecken.
3. Dessert für 6 Stunden kühl stellen.

Mango Joghurt

Zubereitungszeit: 10 Minuten
Portionen: 2
Zutaten:

- 500 g Joghurt, Natur
- 1 Mango

Zubereitung:

1. Mango halb schneiden und Kern entfernen. Mango schälen und Fruchtfleisch in Würfel schneiden. Diese mit dem Joghurt mischen und in Dessertschälchen geben.

Kirsch Vanille Traum

Zubereitungszeit: 15 Minuten
Portionen: 4
Zutaten:

- 250 ml Sahne
- 500 ml Kirschsaft
- 1 Packung Vanille Puddingpulver
- 2 Packungen Vanillezucker
- 1 Prise Zimt

Zubereitung:

1. Zimt, Puddingpulver, Vanillezucker und 5 EL Kirschsaft mischen.
2. Restlichen Kirschsaft in einen Topf geben und aufkochen. Dann Mischung mit dem Puddingpulver unterrühren, einmal aufkochen und zur Seite stellen, damit es abkühlen kann.
3. Sahne steif schlagen und vorsichtig unter die Masse geben.

Honigmelonen Joghurt

Zubereitungszeit: 15 Minuten
Portionen: 4
Zutaten:

- 500 g Joghurt, Natur
- 1 Honigmelone

Zubereitung:

1. Honigmelone halb schneiden und Kerne mit einem Löffel auskratzen. Melone schälen und in kleine Würfel schneiden.
2. Melone und Joghurt mischen und alles in Dessertschälchen anrichten.

Limettencreme

Zubereitungszeit: 30 Minuten & 2 Stunden Kühlzeit
Portionen: 4
Zutaten:

- 500 ml Wasser
- Saft von 3 Limetten
- 2 EL Speisestärke
- 3 Eier
- 200 g Zucker

Zubereitung:

1. Stärke, Zucker und Limettensaft mischen. Eier trennen und Eigelb zum Saft geben.
2. Eiweiß steif schlagen.
3. Wasser zum Kochen bringen und die Limetten Eigelbmischung vorsichtig unterrühren. Köcheln, bis die Masse fester wird. Dann in eine Schüssel füllen und abkühlen lassen.
4. Eischnee vorsichtig in die Creme geben und diese abgedeckt für 2 Stunden kaltstellen.

Vanillecreme mit Schokostreusel

Zubereitungszeit: 20 Minuten & 30 Minuten Kühlzeit
Portionen: 2
Zutaten:

- 100 g Schokostreusel
- 250 g Quark
- 1 TL Zucker
- 1 TL Vanillesirup
- 200 ml Sahne

Zubereitung:

1. Zucker, Vanillesirup und Quark mischen.
2. Sahne steif schlagen.
3. Sahne unter den Quark geben und Schokostreusel darüber geben.
4. Dessert in Schälchen füllen, abdecken und 30 Minuten in den Kühlschrank stellen.

Apfelcreme

Zubereitungszeit: 25 Minuten
Portionen: 1
Zutaten:

- 25 g Puddingpulver, Vanille
- 500 g Äpfel
- 1 EL Zucker
- 500 ml Apfelsaft

Zubereitung:

1. Apfel waschen, halb schneiden und Kerngehäuse herausschneiden. Dann in feine Scheiben schneiden.
2. 450 ml Apfelsaft in einem Topf aufkochen. Apfelscheiben dazugeben. Für 5 Minuten kochen.
3. Puddingpulver mit 50 ml Apfelsaft mischen und mit in den Topf rühren.
4. Alles in Dessertschälchen geben und etwas abkühlen lassen.

Mascarpone Schoko Creme mit Beeren

Zubereitungszeit: 20 Minuten & 1 Stunde Kühlzeit
Portionen: 8
Zutaten:

- 1 Packung Sahnesteif
- 200 g weiße Schokolade
- 200 ml Sahne
- 250 g Joghurt, Natur
- 1 Packung Vanillezucker
- 500 g Mascarpone
- 1 EL Milch

Zubereitung:

1. Sahne mit dem Sahnesteif steif schlagen.
2. Weiße Schokolade mit Milch in einem Topf schmelzen. Hierbei immer rühren, damit es nicht anbrennt.
3. Joghurt, Mascarpone, Schokomasse und Vanillezucker mischen. Sahne vorsichtig in die Creme geben. Creme in Schälchen füllen und für 1 Stunde kühl stellen.

Ananas Frischkäsecreme mit Rum

Zubereitungszeit: 15 Minuten
Portionen: 4
Zutaten:

- 1 Dose Ananas, in Stücken 400 g
- 1 EL Zucker, braun
- 2 TL Honig
- 200 g Frischkäse, Natur
- 2 cl Rum
- 80 ml Sahne
- 1 EL Limettensaft

Zubereitung:

1. Ananas durch ein Sieb abgießen. Mit Rum, Limettensaft und Honig mischen.
2. Sahne steif schlagen.
3. Frischkäse mit Zucker mischen und Sahne darunter geben. Ananas darauf anrichten.

Erdbeeren Quark Dessert

Zubereitungszeit: 20 Minuten
Portionen: 1
Zutaten:

- 2 EL Zucker
- 250 g Erdbeeren
- 250 g Quark
- 1 Packung Vanillezucker
- 200 ml Sahne

Zubereitung:

1. Vanillezucker, Quark, Zucker und Sahne in einen Mixer geben und rühren, bis die Masse fester wird.
2. Erdbeeren waschen und das Grün abschneiden. Dann in kleine Stücke schneiden.
3. Quarkcreme in Dessertgläser füllen und die Erdbeeren darauf verteilen.

Gebackene Apfelringe

Zubereitungszeit: 30 Minuten
Portionen: 2
Zutaten:

- 2 Äpfel
- 200 ml Milch
- 250 g Mehl
- 1 Prise Salz
- 200 ml Öl
- 2 Eier

Zubereitung:

1. Mehl, Milch, Eier und Salz mischen und gut rühren.
2. Äpfel schälen, Gehäuse mit einem Kernausstecher ausstechen und in Ringe von 1 cm schneiden.
3. Öl in einer Pfanne erhitzen.
4. Äpfel in den Teig tauchen und dann im Öl ausbacken.

Rhabarberkompott

Zubereitungszeit: 1 Stunde und 20 Minuten
Portionen: 4
Zutaten:

- 2 Packungen Vanillezucker
- 200 g Zucker
- 1 kg Rhabarber

Zubereitung:

1. Rhabarber waschen und in kleine Stücke schneiden.
2. Alle Zutaten in einen Topf geben und abdecken. Nicht erhitzen.
3. Nach einer Stunde Rhabarber bei kleiner Hitze 20 Minuten unter Rühren köcheln.

Wassermelonensorbet

Zubereitungszeit: 2 Stunden und 10 Minuten
Portionen: 4
Zutaten:

- 1 kg Wassermelone
- 1 EL Puderzucker
- 40 ml Limettensaft

Zubereitung:

1. Melone halb schneiden, Kerne entnehmen und schälen, Fruchtfleisch in Stücke schneiden. Melone, Puderzucker und Limettensaft mischen und mit einem Stabmixer pürieren. Mischung in ein verschließbares Gefäß geben und 2 Stunden in den Gefrierschrank stellen.

Orangen Fruchteis

Zubereitungszeit: 2 Stunden und 10 Minuten
Portionen: 4
Zutaten:

- Saft von 4 Orangen
- 4 EL Puderzucker
- 200 ml Sahne, kalt

Zubereitung:

1. Alle Zutaten zusammenmischen.
2. Dann Mischung in ein verschließbares Gefäß geben und 2 Stunden in den Gefrierschrank stellen.

Weintrauben Schichtdessert

Zubereitungszeit: 45 Minuten
Portionen: 8
Zutaten:

- 250 g Mascarpone
- 100 g Zucker
- 1 kg Weintrauben, grün ohne Kerne
- 250 ml Sahne
- 1 Packung Vanillezucker
- 250 g Magerquark
- 2 Schokokekse

Zubereitung:

1. Kekse etwas zerbröseln.
2. Sahne mit Zucker und Vanillezucker mischen und steif schlagen.
3. Mascarpone, Quark und Sahne mischen.
4. Trauben waschen.
5. Dessert in Gläser schichten. Zuerst die Trauben, dann die Creme und dann die Kekse. Danach wird der Vorgang wiederholt.

Frozen Joghurt Zitrone

Zubereitungszeit: 4 Stunden und 10 Minuten
Portionen: 4

Zutaten:

- Saft von 4 Zitronen
- 800 g Joghurt, griechisch
- 1 TL Vanillextrakt
- 300 g Zucker

Zubereitung:

1. Alle Zutaten miteinander mischen.
2. Mischung in ein verschließbares Gefäß geben und 5 Stunden in den Gefrierschrank stellen.

Vielen Dank

Ich möchte mich bei Ihnen bedanken, dass Sie sich für dieses Kochbuch entschieden haben.

Ich hoffe, Sie konnten durch das Kochbuch einiges lernen und mehr Freude am Kochen entwickeln.

Zuletzt wünsche ich Ihnen noch alles Gute und weiteres tolles Gelingen der Gerichte.

Impressum

Fabian Magrutsch
Vitusgasse 7/1/3
1130 Wien

Printed in Poland
by Amazon Fulfillment
Poland Sp. z o.o., Wrocław

84013198R00098